w_orten
& meer

Dieser Band wurde umweltfreundlich gedruckt:

RECYCLED
Papier aus Recyclingmaterial
FSC® C105965

- auf 100% Recyclingpapier, FSC-zertifiziert mit dem Blauen Engel
- mit mineralölfreien Druckfarben ohne Isopropanol
- ohne Folie kaschiertes Cover
- uneingeschweißt

Umfassende Nachhaltigkeit in Bezug auf natürliche Ressourcen und soziales Miteinander ist Verlagskonzept: Strom und Gas für das Büro beziehen wir über Green Planet Energy, wir reparieren, statt neu zu kaufen, unser Bürobedarf ist ökologisch, und wir versuchen alle Arbeitsprozesse möglichst fair zu gestalten. Wir setzen uns ein für ein wertschätzendes und ressourcenschonendes Sein in Welt.

Dean Spade: Solidarisch füreinander sorgen.
Ein Leitfaden für diese Krise (und die nächste)

Originaltitel: Mutal Aid. Building Solidarity During This Crisis (and the Next)

1. Auflage, Hiddensee: w_orten & meer, 2023
ISBN 978-3-945644-34-8

Übersetzung: Sharif Bitar – www.uebletexte.de
Cover und Satz: bureau zanko – www.zankoloreck.de
Druck: Oktoberdruck GmbH, Grenzgrabenstraße 4, 13053 Berlin

Verlag für verbindendes diskriminierungskritisches Handeln
Süderende 86, 18565 Insel Hiddensee
kontakt@wortenundmeer.net
www.wortenundmeer.net

w_orten
& meer

DEAN SPADE

SOLIDARISCH FÜREINANDER SORGEN

EIN LEITFADEN FÜR DIESE KRISE (UND DIE NÄCHSTE)

Aus dem us-amerikanischen Englisch
von Sharif Bitar

INHALT

WERKZEUGLISTE

Einführung: In der Krise müssen wir uns was trauen

Unsere heutige Zeit ist eine Zeit des politischen Notstandes. Katastrophen wie die COVID-19-Pandemie und vom Klimawandel hervorgerufene Brände, Überschwemmungen und Stürme, aber auch systemische Krisen wie rassistische Kriminalisierung, brutale Einwanderungspolitik, strukturelle Gendergewalt und die riesige Kluft zwischen Arm und Reich gefährden Menschenleben überall auf der Welt. Viele Regierungen verfolgen eine Politik, die diese gefährlichen Notlagen ganz bewusst hervorrufen und sie verschärfen, sie reagieren unangemessen und unzulänglich auf Missstände und sie sorgen dafür, dass nur ganz bestimmte Bevölkerungsgruppen die Hauptlast all der Verschmutzung, Armut, Krankheit und Gewalt zu tragen haben. Angesichts dieser Lebensrealitäten bekommen mehr und mehr ganz gewöhnliche Menschen das deutliche Gefühl, dass es wohl an ihnen liegt, sich zu organisieren und in ihren Communitys mitanzupacken. Sie entwickeln mutige und innovative Strategien, um Ressourcen mit ihren verletzlichen Nach*barinnen zu teilen und sie zu unterstützen. Auf diese Weise solidarisch füreinander zu sorgen ist Überlebensarbeit, die eine besondere Rolle in Bewegungen spielt, die für gesellschaftlichen Wandel kämpfen.

Solidarische Fürsorge ist schon immer Teil von großen und einflussreichen sozialen Bewegungen gewesen. Heutzutage ist sie allerdings besonders wichtig: Wir sind mit beispiellosen Gefahren konfrontiert und genau darin liegt die Chance, viele Menschen zu mobilisieren. Solidarisch füreinander zu sorgen ermöglicht es Menschen, sich Bewegungen anzuschließen, die sie unmittelbar selbst betreffen, und es stellt soziale Räume her, in denen Menschen neue, solidarische Beziehungen miteinander eingehen. Im besten Fall entstehen so tatsächlich neue Lebensweisen, die es Menschen erlauben, achtsame und großzügige Gemeinschaften zu schaffen – Gemeinschaften, die sich dem Leid in der Welt annehmen, damit wir alle gut leben können.

Dieses Buch handelt also davon, solidarisch füreinander zu sorgen: Was ist an dieser Arbeit so wichtig, was kann sie leisten, wie funktioniert sie? Das Buch bietet eine Graswurzel-Theorie der solidarischen Fürsorge. Ebenso bietet es aber konkrete Lösungsansätze für einige der schwierigsten Fragen, die in Gruppen, die diese Arbeit machen wollen, immer wieder auftreten: Wie arbeiten wir in der Gruppe und wie treffen wir Entscheidungen? Wie beugen wir Konflikten vor und wie begegnen wir ihnen? Wie gehen wir mit Burn-out um, damit wir für lange Zeit handeln können, um unsere Ziele zu erreichen?

Linke soziale Bewegungen stehen zurzeit vor zwei großen Aufgaben. Erstens müssen wir uns organisieren, um den Menschen zu helfen, die verheerenden Zustände zu überleben, die sie jeden Tag umgeben. Zweitens müssen wir Millionen von Menschen für den Widerstand mobilisieren, um die Ursachen dieser Zustände zu bewältigen. Gerade in diesen Krisenzeiten können unsere Bewegungen stärker werden. Sie können neue Menschen mobilisieren, die gegen die Polizei kämpfen, gegen Einwanderungsbehörden, gegen ungerechte Sozialbehörden, Vermiet*erinnen, Mittelkürzungen, Verschmutz*erinnen, die Waffenindustrie, Profitmach*erinnen in der Gefängnisindustrie[1] und rechte Gruppen. Die beste Methode, diese beiden großen Aufgaben anzugehen – die Bedürfnisse der Menschen zu erfüllen und sie für den Widerstand zu mobilisieren –, ist solidarische Fürsorge-Projekte zu schaffen und viele Menschen zu überzeugen mitzumachen. Alle sozialen Bewegungen, die umfassenden Wandel erringen konnten, haben dabei auch darauf gebaut, in ihren Communitys solidarisch füreinander zu sorgen. Gleichzeitig wird dieser Teil der Arbeit häufig weniger wahrgenommen und wertgeschätzt. Doch genau das ist in diesen Zeiten entscheidend: Gelingt es uns, in unseren Bewegungen und Communitys füreinander einzustehen? Können wir die Welt schaffen, nach der wir uns sehnen, oder werden wir tiefer in die Krise stürzen?

Wir können uns ein Bild davon machen, was möglich ist, wenn wir uns genauer anschauen, wie die Protestbewegung in Hongkong auf COVID-19 reagiert hat. 2019 erfasste eine riesige Protestwelle gegen die Regierung die Stadt. Die Menschen positionierten sich gegen die Polizei und forderten mehr Kontrolle über ihr Leben. Zu dem Zeitpunkt, als die COVID-19-Pandemie begann, waren 80 Prozent der Menschen in Hongkong mit der Regierungschefin Carrie Lam unzufrieden. Die Bewegung war sprunghaft gewachsen und

---

1 Anmerkung des Übersetzers: Etwa 8 Prozent aller Strafgefangenen in den USA sind in Gefängnissen untergebracht, die von profitorientierten privaten Unternehmen betrieben werden. Diese Gefängnisindustrie wird aus einer Vielzahl an Gründen heftig kritisiert, unter anderem, weil sie nachweisbar zu längeren und mehr Haftstrafen führt, und sehr häufig mit deutlich schlechteren Haft- und Arbeitsbedingungen einhergeht. Mehr dazu im Begleitwort.

Protestierende koordinierten ausgeklügelte Massenproteste, bei denen auch gewagtere Methoden angewendet wurden, wie die Polizei mit Stöcken und Stäben, Projektilen, Laserpointern und Molotowcocktails zu bekämpfen. Lam zeigte sich bemerkenswert teilnahmslos im Angesicht der Pandemie, trotz der gefährlichen Lage in Hongkong – einer dichtbesiedelten Stadt, die schon vorher mit Epidemien zu tun hatte, mit einem Hochgeschwindigkeitszug, der nach Wuhan fuhr, wo die COVID-19-Pandemie ihren Anfang genommen hatte. Die Bewohn*erinnen Hongkongs kritisierten Lam dafür, dass sie die Grenzen der Stadt nur zögerlich schloss und dass sie Angestellten der Stadt verbot, Masken zu tragen. Doch ungeachtet des Scheiterns der Regierung organisierten die Menschen Hongkongs, bereits mobilisiert durch die Protestbewegung, eine Reaktion auf die Pandemie, die eine erste COVID-19-Welle unterdrückte und die zweite Welle abschwächte.

An dem Tag, an dem der erste COVID-19-Fall in Hongkong bestätigt wurde, erstellten Menschen der Protestbewegung eine Website, die Fälle nachverfolgte, Hotspots beobachtete, über Wartezeiten im Krankenhaus berichtete und warnte, wenn irgendwo minderwertige persönliche Schutzausrüstung verkauft wurde. Die Protestierenden setzten sich über das Maskenverbot der Regierung hinweg und widersprachen der Weltgesundheitsorganisation, die davon abriet, Masken zu tragen. Sie gründeten Gruppen, die Masken nähten und verteilten, und dabei sicherstellten, dass diese auch bei armen und alten Menschen ankamen. Sie schafften ein Netzwerk von Freiwilligen, die in beengten Mietshäusern Handdesinfektionsstationen aufbauten und die Versorgung der Stationen mit Desinfektionsmittel aufrechterhielten. Sie erstellten außerdem Karten, auf denen diese Stationen verzeichnet waren.

Diese grundlegende solidarische Fürsorge-Arbeit wurde um mutigere, gewagtere Strategien ergänzt. Als die Regierung sich weigerte die Grenze zu China zu schließen, begannen 7 000 Arbeit*erinnen aus dem Gesundheitswesen, die im Rahmen der Protestbewegung Gewerkschaften gegründet hatten, zu streiken. Sie verlangten Schutzausrüstung und die Schließung der Grenzen. Einige Teilnehm*erinnen der Protestbewegung drohten der Regierung, drastischere Schritte zu unternehmen, wenn sie nicht angemessen auf die Pandemie reagierte, und es wurden Sprengsätze an der chinesischen Grenze gefunden, möglicherweise zu eben diesem Zweck. Hongkongs Regierung baute dann Quarantäne-Zentren in dicht besiedelten Gegenden, befragte dazu aber nie die Menschen, die dort lebten. Die Protestbewegung reagierte, indem sie Sprengsätze in die Quarantäne-Zentren warf, bevor diese benutzt wurden, woraufhin die Regierung die Einrichtungen in weniger dicht besiedelte Feriendörfer verlagerte.

Weil die Bewegung so erfolgreich mobilmachte und koordiniert arbeitete – und eben nicht Dank der Regierung –, war Hongkongs Reaktion auf die erste COVID-19-Welle ungemein erfolgreich. Indem solidarisches Füreinander und direkte Aktion kombiniert wurden, um Zugeständnisse zu erzwingen, taten die Protestierenden das, was die Regierung sich weigerte zu tun, und retteten so unzählige Leben.

Dieses Buch ist ein konkreter Leitfaden dafür, wie wir Gruppen aufbauen können, die solidarisch für die Menschen sorgen wollen. Teil I erkundet, was genau gemeint ist, wenn wir von solidarischer Fürsorge sprechen, wie sie sich von Wohltätigkeit unterscheidet und wie sie sich zu anderen Taktiken sozialer Bewegungen verhält. In Teil II geht es ans Eingemachte, also darum, wie wir in solidarischen Gruppen zusammenarbeiten können und wie wir mit den Herausforderungen umgehen können, als Gruppe zu entscheiden, Konflikte beizulegen und Burn-out zu vermeiden. Das Buch enthält Tabellen und Listen, die in Plena eingebracht werden können, um Gespräche anzuregen und gemeinsame Analysen und Gruppenpraktiken zu erarbeiten. Letztlich soll es vermitteln, wie wir es schaffen können, uns koordiniert umeinander zu kümmern – auch im Angesicht einer Katastrophe – und Hunderte Millionen Menschen dafür zu mobilisieren, tiefgreifenden und anhaltenden Wandel zu schaffen.

– TEIL I –

WAS IST SOLIDARISCHE FÜRSORGE?

Solidarisch füreinander zu sorgen bedeutet, sich kollektiv zu koordinieren, um einander das zu geben, was wir brauchen – üblicherweise aus einem Bewusstsein heraus, dass die bestehenden Systeme das nicht tun werden. Tatsächlich ist es so, dass diese Systeme die Notlage häufig überhaupt erst geschaffen haben oder dass sie die Dinge verschlimmern. Beispiele für Leute, die solidarisch füreinander sorgen, finden wir in jeder einzelnen sozialen Bewegung: Seien es Menschen, die für streikende Arbeit*erinnen Geld sammeln; die während des von Rosa Parks ausgelösten Busboykotts von Montgomery Fahrgemeinschaften organisierten; die in der Wüste Trinkwasser für Migran*tinnen bereitstellen, die die Grenze überqueren; die einander notfallmedizinische Maßnahmen beibringen, weil der Rettungsdienst nicht schnell genug in arme Gegenden kommt; die Geld sammeln, um Abtreibungen zu bezahlen für diejenigen, die sie sich sonst nicht leisten könnten; oder die Briefkontakte mit inhaftierten Menschen koordinieren. All das sind solidarische Fürsorge-Projekte. Sie erfüllen ganz unmittelbar überlebenswichtige Bedürfnisse von Menschen und sie bauen alle auf demselben Verständnis auf, dass unsere Lebensumstände von Ungerechtigkeit und Unrecht geprägt sind.

Solidarisches Füreinander ist nichts Neues – Menschen haben schon immer zusammengearbeitet, um zu überleben. Doch die von Kapitalismus und Kolonialismus geschaffenen Strukturen haben diese Art, wie die Menschen sich miteinander verbunden haben, wie sie geteilt haben, was sie zum Überleben brauchen, empfindlich gestört. Die Menschen wurden in Systeme der Lohnarbeit und des Privateigentums gezwungen, der Wohlstand konzentrierte sich zunehmend auf einige Wenige – und uns umeinander zu kümmern, ist immer schwieriger geworden.

Heutzutage leben viele von uns in den individualisiertesten Gesellschaften der Menschheitsgeschichte. Das macht unsere Leben weniger sicher und untergräbt unsere Fähigkeit, uns zu organisieren, um das Unrecht um uns und in der Welt zu bekämpfen. Wir werden dazu gedrängt, miteinander ums bloße Überleben zu konkurrieren. Und die Dinge, die wir brauchen, beziehen wir gezwungenermaßen aus feindseligen Systemen wie profitorientierten Gesundheitswesen, denen es nicht um unsere Gesundheit geht, oder Ernährungs- und Verkehrsinfrastrukturen, die die Erde verschmutzen und uns vergiften. Immer mehr Leute berichten davon, dass sie keine Menschen haben, an die sie sich wenden können, wenn sie in Schwierigkeiten sind. Das bedeutet, dass viele von uns keine Hilfe bekommen, wenn wir Probleme mit unserer seelischen Gesundheit, mit Drogengebrauch, mit Gewalt in der Familie oder mit Missbrauch haben – bis die Polizei oder Gerichte eingeschaltet werden, was die Dinge häufig schlimmer macht, anstatt sie zu verbessern.

Wir leben in einem Umfeld sozialer Isolation und erzwungener Abhängigkeit von feindseligen Systemen. Solidarische Fürsorge – sich zu entscheiden einander zu unterstützen, Dinge zu teilen und Zeit und Ressourcen aufzuwenden, um denjenigen zu helfen, die am verletzlichsten sind – ist in einem solchen Umfeld ein radikaler Akt.

1

Drei zentrale Aspekte solidarischer Fürsorge

Eins. Solidarische Fürsorge-Projekte arbeiten daran, überlebenswichtige Bedürfnisse zu erfüllen und ein gemeinsames Verständnis davon zu entwickeln, warum die Menschen nicht haben, was sie brauchen.

Solidarische Fürsorge-Projekte machen darauf aufmerksam, dass die Menschen nicht haben, was sie brauchen, und sagen uns, dass wir dieses Unrecht gemeinsam bekämpfen können. Das berühmteste Beispiel für solidarisches Füreinander in den USA sind die Survival Programs, die Überlebensprogramme der Black Panther Party, die während der 1960er und 1970er Jahre liefen. Zu ihnen gehörte ein Programm für kostenloses Frühstück, eines für kostenlose Krankenwagen, kostenlose medizinische Sprechstunden, ein Fahrdienst, der älteren Menschen half ihre Besorgungen zu machen, und eine Schule, in der Kinder ausführlich und strukturiert über Selbstbestimmung lernen konnten. Die Programme der Black Panther hießen Menschen im Befreiungskampf willkommen, indem sie Räume schufen, die es den Menschen ermöglichten, ihre grundlegenden Bedürfnisse zu erfüllen und ihre Lebensumstände zusammen zu diskutieren und zu begreifen. Häufig dominierte sonst die Scham, kein Essen für die

Kinder zu haben, in einer Kultur, die armen Menschen und ganz besonders armen Schwarzen Menschen die Schuld an ihrer Armut gibt. Doch beim Frühstücksprogramm der Black Panther bekamen sie Essen und die Gelegenheit, ein gemeinsames politisches Verständnis davon zu entwickeln, was Schwarze Armut ist. Das Programm brach mit dem Stigma und der Isolation, erfüllte materielle Bedürfnisse und animierte die Leute, zusammen für den Wandel zu arbeiten.

FBI-Direktor J. Edgar Hoover erkannte, wie erfolgreich das Programm war, und schrieb 1969 in einer heute berüchtigten Mitteilung an alle FBI-Außenstellen: »Das BCP [Breakfast for Children Program] stellt die beste und einflussreichste Maßnahme im Repertoire der BPP [Black Panther Party] dar und ist somit möglicherweise die größte Bedrohung für die behördlichen Bemühungen, die BPP zu neutralisieren und zu zerstören, wofür sie steht.« In der Nacht vor dem Start des Programms in Chicago brachen Polizeibeamte in die Kirche ein, in der es stattfinden sollte, und urinierten auf alle Lebensmittel. Die Angriffe der Regierung auf die Black Panther Party belegen, wie mächtig solidarische Fürsorge sein kann. Das zeigt uns auch die spätere Vereinnahmung des Programms durch die Regierung: In den frühen 1970er Jahren weitete das Landwirtschaftsministerium der USA, das USDA, sein landesweites Programm für kostenloses Frühstück aus – auf dem Wohltätigkeitsmodell aufbauend, nicht auf dem Ideal der Befreiung –, das auch heute noch Millionen von Kindern mit Essen versorgt. Die Black Panther präsentierten eine eindrucksvolle Vision der Befreiung. Sie bestanden darauf, dass Schwarze Menschen sich gegen die gewalttätige und rassistische Regierung wehren mussten und dass sie sich organisieren konnten, um einander das zu geben, was eine rassistische Gesellschaft ihnen vorenthielt.

Zur selben Zeit startete auch die Young Lords Party im Zuge ihrer Arbeit für die Befreiung der Puerto Rica*nerinnen ähnliche und damit verknüpfte solidarische Fürsorge-Projekte. Die Young Lords brachten Menschen in die Bewegung, indem sie bei den alltäglichen Bedürfnissen der Puerto Rica*nerinnen in verarmten Communitys ansetzten. Sie protestierten gegen die fehlende Müllabfuhr in puerto-ricanischen Gegenden. Sie entführten einen LKW der Stadt mit einem mobilen Röntgengerät an Bord, um mehr Tuberkulose-Tests in puerto-ricanischen Communitys durchzuführen. Sie übernahmen die Kontrolle über einen Teil eines Krankenhauses, um die Menschen medizinisch zu versorgen. Und sie stellten Lebensmittel und Jugendprogramme für puerto-ricanische Communitys bereit. Sie arbeiteten für ihre Vision, Puerto Rico zu dekolonisieren und Puerto Rica*nerinnen in den USA von Rassismus, Armut und Polizeiterror zu befreien, indem sie solidarisch füreinander sorgten.

Während der 1960er und 1970er arbeiteten viele sich überschneidende Bewegungen daran, den Menschen in ihren Communitys zu helfen. Dazu zählten feministische medizinische Sprechstunden und von Aktiv*istinnen betriebene Abtreibungskliniken, erste von Freiwilligen betriebene schwul-lesbische medizinische Sprechstunden, Kollektive für Kinderbetreuung, Miet*erinnen-Bünde sowie Lebensmittelprogramme in den Communitys. Zwar ist diese Zeit ein wichtiger Bezugspunkt für die heutige politische Linke, doch solidarische Fürsorge hat nicht erst in den 1960ern begonnen. Tatsächlich war sie schon immer Bestandteil von Bewegungen, die versuchen, transformativen Wandel herbeizuführen. Klee Benally,

Projekt-Koordinator bei Indigenous Media Action, erklärt, dass es während vieler Zyklen des Kolonialismus eine ungebrochene Tradition Indigener Menschen geblieben ist, solidarisch füreinander zu sorgen. Die Tradition wird durch alte Lehren aufrechterhalten, die dank der Arbeit heutiger Indigener solidarischer Projekte wiederhergestellt und verstärkt werden. Sied*lerinnen haben schon immer versucht, das autarke Leben Indigener Menschen zu untergraben. Sie haben zuerst Ernährungssysteme zerstört, um dann Abhängigkeit zu erzwingen, indem sie Essensrationen über Forts und Missionsstationen verteilt haben, etwas, das heutzutage die Non-Profit-Organisationen der Sied*lerinnen übernehmen. Indigene Bemühungen, einander zu helfen, sind sowohl eine Frage des Überlebens als auch machtvolle Formen des Widerstands gegen erzwungene Abhängigkeit von Sied*lerinnen-Systemen.

Ein anderes bedeutendes Beispiel ist die lange Tradition solidarischer Fürsorge-Gemeinschaften und anderer Arten der »Selbsthilfe« in Schwarzen Communitys. Diese arbeiteten schon in den 1780ern daran, Ressourcen zusammenzulegen, um Kranken- und Lebensversicherungen anzubieten, kranke Menschen zu pflegen, bei Begräbnissen zur Seite zu stehen, Witwen und Waisen zu unterstützen und die öffentliche Bildung voranzutreiben. Indem sie Schwarze Alternativen schufen, reagierten Schwarze Menschen darauf, dass sie aus *weißen* Infrastrukturen ausgeschlossen waren. Solidarisches Füreinander zeigt sich auch in den alten Traditionen der Arbeit*erinnenschicht, sich mit der Miete und mit Lebensmitteln zu unterstützen, wenn das Geld während Konfrontationen mit den Vorgesetzten knapp wurde. Bei plötzlichen Katastrophen wie Stürmen, Überschwemmungen, Bränden und Erdbeben wird immer wieder am deutlichsten, wie wichtig es ist, solidarisch füreinander zu sorgen. Der Staat ist mal wieder nicht da, um zu helfen, stellt Hilfsgüter bereit, die die verletzlichsten Menschen nicht erreichen, oder setzt Repressionen gegen Überlebende ein, die ihr Zuhause durch die Katastrophe verloren haben. Doch die Menschen finden zusammen, um sich umeinander zu kümmern und Ressourcen zu teilen. Es zeigt sich, Solidarität wirkt und funktioniert.

Zwei. Solidarische Fürsorge-Projekte mobilisieren Menschen, machen solidarischer und gehören zu den wichtigsten Bausteinen sozialer Bewegungen.

Solidarische Fürsorge ist unverzichtbar, um soziale Bewegungen aufzubauen. Menschen landen oft bei Bewegungen, weil sie etwas brauchen: Schutz vor Zwangsräumungen, Kinderbetreuung, soziale Verbindungen, Gesundheitsversorgung oder Hilfe im Streit mit dem Staat um Dinge wie Sozialleistungen, Leistungen für Menschen mit BeHinderung, Einwanderungsstatus oder Sorgerecht. In einer Krise Hilfe zu bekommen, ist oft Voraussetzung dafür, politisch aktiv zu sein, denn es ist sehr schwierig, sich zu organisieren, wenn der Überlebenskampf schon so viel Raum einnimmt. Unterstützung von einem solidarischen Projekt, das ein politisches Verständnis der Umstände hat, die deine Krise hervorgerufen haben, hilft auch Stigma, Scham und Isolation zu durchbrechen. Soziale Probleme werden im Kapitalismus als individuelle moralische Schwäche verstanden, nicht als systemische Probleme, obwohl sie durch Ausbeutung und ungleich verteilte Ressourcen hervorgerufen werden. Unterstützt zu werden an einem Ort, der die Systeme als das Problem begreift und nicht die Menschen, die unter ihnen leiden, kann dabei helfen, Scham in Wut und Widerstand zu verwandeln. Solidarisch füreinander zu sorgen, legt das Scheitern des jetzigen Systems offen und zeigt eine Alternative auf. Diese Arbeit baut auf der Überzeugung auf, dass diejenigen, die in Krisensituationen ganz vorn mit dabei sind, am besten wissen, wie wir Probleme lösen können, und dass kollektiv zu handeln der Weg nach vorn ist.

Solidarische Fürsorge-Projekte verstärken und festigen außerdem die Solidarität der Menschen. Ich habe das beim Sylvia Rivera Law Project (SRLP) erlebt, einem Kollektiv, das kostenlose Rechtsberatung anbietet für trans* und gender-nonkonforme Menschen, die ein niedriges Einkommen haben und/oder People of Color sind. Ich habe von 2002 bis 2019 mit der Gruppe gearbeitet. Immer wieder habe ich erlebt, dass Menschen zum SRLP kamen, weil ihnen etwas Schlimmes widerfahren war in einer Unterkunft, im Gefängnis, in Interaktion mit der Polizei, mit Einwanderungsbehörden, mit Jugendämtern und Pflegefamilien, oder mit öffentlichen Schulen. Menschen, die Rechtshilfe für solche Probleme suchten, wurden eingeladen beim Organisieren mitzumachen, Teil vom SRLP zu werden, und so daran zu arbeiten, die Umstände zu ändern, die sie ursprünglich zur Gruppe geführt hatten. Wenn die Leute dann beitraten, wurde es oft etwas holprig. Die Teilnehm*erinnen hatten zwar einige Dinge gemeinsam – zum Beispiel waren sie trans* oder gender-nonkonform –, doch sie unterschieden sich auch bei Rassifizierung, Einwanderungsstatus, BeHinderung, HIV-Status, Alter, Wohnungssituation, sexueller Orientierung, Sprache und vielem mehr. Dennoch arbeiteten sie zusammen und nahmen an gemeinsamen Angeboten für politische Bildung teil. So konnten die Teilnehm*erinnen von

Erfahrungen lernen, die anders waren als ihre eigenen, und über diese Unterschiede hinweg solidarisch miteinander werden. Das veränderte – und verändert auch weiterhin – nicht nur die Personen in der Gruppe, sondern auch die Art der Politik, die die Gruppe praktiziert.

Solidarität ist das, was große Bewegungen aufbaut und verbindet. Im Kontext professionalisierter Non-Profit-Organisationen werden Gruppierungen dazu gedrängt, sich auf nur ein Thema zu fokussieren, ihre Botschaft nur mit Bezug auf die Menschen in ihrer Zielgruppe zu rahmen, »die es verdient haben«, und nur Methoden zu verwenden, die den Eliten gefallen. Gruppen, die mit inhaftierten Menschen arbeiten, sollen beispielsweise nur für »die Unschuldigen« oder »die Nicht-Gewalttätigen« kämpfen, oder sich bei Politik*erinnen dafür einsetzen, dass bestimmte Gefangene nicht ins Gefängnis gehören – bestimmte, aber eben nicht *alle*. Das ist das Gegenteil von Solidarität, denn es bedeutet, dass die verletzlichsten Menschen zurückgelassen werden: Menschen, deren Anklagepunkte von Poli*zistinnen und Strafverfolg*erinnen aufgebauscht wurden; die nicht die Mittel hatten, ihre Unschuld zu beweisen; die nicht zu kulturellen Vorstellungen von Unschuld und Es-verdient-Haben passen. Dieser verengte Fokus trägt nur dazu bei, das bestehende System zu legitimieren, denn er impliziert ja, dass stigmatisiertere Menschen das Leid verdient hätten, das ihnen widerfährt.

Doch das Non-Profit-System hat sich vorerst etabliert und dieses Muster von antisolidarischen Anreizen und Praktiken erweist sich als verheerend für soziale Bewegungen, was ich im nächsten Kapitel noch genauer besprechen werde. Nur Solidarität über Themen und Personengruppen hinweg macht Bewegungen groß und durchsetzungsstark. Ohne diese Verbindungen landen wir bei getrennten Gruppen, die in ihrem jeweiligen Themen-Silo arbeiten, einander untergraben, um Aufmerksamkeit und Gelder wetteifern, einander nicht beistehen und nie wirkmächtig werden können. Solidarische Projekte kultivieren Solidarität, indem sie Räume schaffen, wo die Menschen trotz ihrer unterschiedlichen gelebten Erfahrungen wegen eines gemeinsamen Bedürfnisses oder eines geteilten Anliegens zusammenkommen.

Gruppen, die sich mit ihrer Fürsorgearbeit ganz unmittelbar mit den echten Problemen im Leben echter Menschen befassen, sind häufig thematisch divers aufgestellt und bauen auf Solidarität über Identitätskategorien hinweg. Das ist so, weil das Leben ihrer Teilnehm*erinnen ein Querschnitt aus vielen verschiedenen Erfahrungen von Verletzlichkeit ist. Manchmal ist es sogar so, dass Gruppen, die nach dem Prinzip der solidarischen Fürsorge arbeiten, mit einem enggesteckten Ziel anfangen, und bald aber ihren Horizont der Solidarität und ihre Vision, für das, was politisch möglich ist, erweitern. Eine Gruppe, die mit der Idee beginnt, Menschen in Wohnungsnot zu unterstützen, merkt schnell, dass Rassismus, Kolonialismus, kriminalisierende Einwanderungspolitik, Ableismus, Polizeigewalt, das System der Pflegeunterbringung für Jugendliche und Kinder, das Gesundheitssystem, Transfeindlichkeit und mehr alles Gründe für Wohnungslosigkeit sind oder Menschen ohne Wohnung zusätzlichen Schaden zufügen. Kontakt zu den komplexen Wirklichkeiten des Unrechts zu haben, führt dazu, dass Menschen solidarischer handeln und sich noch mehr und intensiver für Gerechtigkeit engagieren wollen. Genau so werden Bewegungen aufgebaut: indem sich Menschen miteinander verbinden und indem ein einzelnes drängendes Problem sich zu einer umfassenderen Vision sozialen Wandels ausweitet.

Drei. Solidarische Fürsorge-Projekte sind partizipatorisch. Sie lösen Probleme, indem sie kollektiv handeln, anstatt auf Rett*erinnen zu warten.

Solidarische Fürsorge-Projekte unterstützen Menschen dabei, Erfahrungen zu sammeln, zusammenzuarbeiten, zu partizipieren und zu entscheiden. Menschen, die sich in einem Projekt engagieren, das Miet*erinnen im Rechtsstreit mit Vermiet*erinnen hilft, lernen zum Beispiel viel darüber, wie das Rechtssystem Leuten schadet und was sie dagegen tun können. Doch sie lernen auch Plena zu moderieren, mit Konflikten umzugehen, Feedback zu geben und zu bekommen, Maßnahmen wirklich umzusetzen, Zeitpläne abzustimmen und logistische Aufgaben zu koordinieren. Vielleicht lernen sie auch, dass sie nicht Jura studiert haben müssen, um diese Arbeit machen zu können und dass viele Menschen – sie selbst eingeschlossen! – etwas beizutragen haben. Das ist eine Abkehr von sozialen Diensten, die nur auf Expertisen basieren, Diensten, die uns sagen, dass wir ein*en Sozialarbeit*erin, Thera*peutin, Ju*ristin oder sonst eine Person mit abgeschlossener Ausbildung brauchen, um wirklich etwas zu bewerkstelligen.

Solidarisch füreinander zu sorgen ist schon an sich antiautoritär. Es zeigt uns, wie wir unsere Ziele erreichen können auf Wegen, die meist als völlig unvorstellbar abgetan werden, und dass Menschen auch ohne Zwang handeln und arbeiten können. Die meisten Leute waren noch nie bei einem Meeting ohne Vorgesetzte oder Autoritätspersonen mit Entscheidungsmacht. Sie arbeiten und gehen zur Schule innerhalb von Hierarchien, in denen Ungehorsam bestraft wird oder dazu führt, dass sie ausgegrenzt werden. Dieses Hierarchie-Gepäck schleppen wir in jedes Gruppentreffen mit, selbst wenn unsere Teilnahme nicht durch Lohnzahlungen oder Strafen erzwungen wird. So kommt es, dass sogar in Freiwilligengruppen Konflikte entstehen, die aus unserem erlernten Dominanzverhalten stammen. Doch in kollektiven Räumen, wie die, in denen solidarisches Füreinander organisiert wird, können wir diese Konditionierung verlernen. Hier können wir Platz schaffen für neue Fertigkeiten und Fähigkeiten. Indem wir anders an Gruppen teilnehmen, indem wir lernen, anders miteinander zu sein, schaffen wir die Welt, die wir wollen. Und wir werden die Menschen, die in einer solchen Welt gemeinsam leben können.

In den Occupy-Camps, die 2011 ins Leben gerufen wurden, um gegen wirtschaftliche Ungleichheit zu protestieren, teilten die Menschen zum Beispiel Ideen miteinander, wie Konflikte gelöst werden können, ohne die Polizei zu rufen. Occupy brachte viele Menschen auf die Straße, die vorher noch nie an politischem Widerstand teilgenommen hatten, führte sie darin ein, nach dem Konsensprinzip zu entscheiden, öffentlichen Raum zu besetzen, kostenlose Verpflegung zu verteilen und an offenen Workshops für politische Bildung teilzunehmen. Viele, die sich Occupy anschlossen, hatten noch keine kritische Haltung zur Polizei entwickelt. Teilnehm*erinnen, die sich für die Abschaffung der Polizei und für Antirassismus engagierten, suchten kontinuierlich das Gespräch darüber, warum Aktiv*istinnen einander nicht die Polizei auf den Hals hetzen sollten. Dieser Prozess war unbeständig und unvollkommen, aber er brachte viele Menschen in Berührung mit neuen Fertigkeiten und Vorstellungen, die sie mit sich trugen, auch lange nachdem die Occupy-Camps von der Polizei geräumt wurden.

Solidarisch füreinander zu sorgen kann auch die Bereitschaft fördern, sich mutig illegitimer Autoritäten zu widersetzen. Gemeinsam in einer Gruppe für einen gemeinsamen Zweck Risiken einzugehen, kann eine heilsame Erfahrung sein, weil wir eigentlich darauf trainiert sind, einfach den Regeln zu folgen. Um ihr Argument zu erläutern, dass Dreistigkeit gewinnt, erzählen die Orga*nisatorinnen von Mutual Aid Disaster Relief (MADR) in ihrem 2018er Moderationsleitfaden für Workshops folgende Geschichte:

> Als [nach Hurrikan Maria] eine Gruppe MADR-Orga*nisatorinnen nach Puerto Rico reiste (einige besuchten ihre Familien, andere brachten medizinische Kenntnisse mit), erfuhren sie von einem staatlichen Depot, in dem riesige Mengen an Vorräten lagerten, die nicht verteilt wurden. Sie zeigten den Wachen ihre MADR-Ausweise und sagten: »Wir sind für die 8-Uhr-Abholung hier.« Als die Wachen erwiderten, dass ihre Namen nicht auf der Liste standen, blieben sie einfach dabei: »Wir sind für die 8-Uhr-Abholung hier.« Letzten Endes wurden sie hineingelassen und ihnen wurde gesagt, dass sie sich einfach nehmen sollen, was sie brauchten. Nachdem sie sich einmal Zugang verschafft hatten, konnten die Helf*erinnen immer wieder kommen. Sie stellten mehr Ausweise für örtliche Orga*nisatorinnen her und die Waren im Depot kam so über Monate den Communitys vor Ort zugute.

Wenn wir uns gemeinsam trauen, mutiger und gewagter zu handeln, so MADR, können wir »uns neue Arten vorstellen, mit der Welt zu interagieren.« Wenn die dominanten Lebensweisen zum Erliegen kommen, entdecken die Menschen, dass sie Normen und sogar Gesetze brechen können, die Individualismus, Passivität und Respekt für Privateigentum überhaupt erst ermöglichen. Die Organisation MADR erklärt, dass »es nötig sein kann, mutig und gewagt zu handeln, anstatt auf die Erlaubnis der Behörden zu warten, um das Leben und das Zuhause von Menschen und ihre Communitys zu retten. Die Überlebenden einer Katastrophe selbst sind die wichtigsten Entscheidungsträg*erinnen, wenn es darum geht, was gerechtes Handeln ausmacht.«

Es gibt solidarische Fürsorge-Projekte, die Überlebenden von Stürmen, Überschwemmungen, Erdbeben und Bränden helfen. Und es gibt Projekte für Menschen, die durch Armut, Rassismus, Kriminalisierung, genderbezogene Gewalt und andere, »alltägliche« Bedingungen in Krisen gestürzt werden. Solche Projekte schaffen neue Hilfssysteme, die Schaden verhindern können, und mit denen wir besser auf zukünftige Katastrophen vorbereitet sind. Als Hurrikan Maria im Jahr 2017 Puerto Rico verwüstete, waren es bereits bestehende Projekte für Nahrungsmittelgerechtigkeit, die es möglich machten, dass so viele Menschen essen konnten. Gleichzeitig brach das von Unternehmen geführte Ernährungssystem, das 90 Prozent der Lebensmittel von außerhalb einführt, wegen des Sturms zusammen. Und es waren vor Ort verfügbare Solarpanels, mit denen die Menschen medizinische Ausrüstung weiterhin nutzen konnten, als das Stromnetz zusammenbrach.

Wenn wir uns bewusst machen, was im Katastrophenfall noch funktioniert, wird klar, was genau wir brauchen, um für den nächsten Sturm oder das nächste Feuer bereit zu sein. In *The Battle for Paradise* erklärt Naomi Klein, warum in Anbetracht des Scheiterns von heutzutage dominierenden Energiemonopolen, regional kontrollierte Microgrids, sogenannte Inselnetze, die wünschenswertere Alternative für zukunftsfähige Energie sind. Nach den verheerenden Bränden in Kalifornien 2018 wurde bekannt, dass die Feuer durch Misswirtschaft bei der Pacific Gas and Electric Company ausgelöst wurden. Dennoch musste die Öffentlichkeit miterleben, wie die kalifornische Regierung dem Unternehmen sofort einen finanziellen Rettungsschirm anbot, aber gleichzeitig denjenigen Menschen nicht half, die durch das Feuer ihre Wohnungen verloren hatten. Klein beschreibt, wie große Energiebetriebe versuchen, regionale und zukunftsfähige Bemühungen für die Energieversorgung zu verhindern. Sie argumentiert, dass wir im Energiebereich, genauso wie in anderen überlebenswichtigen Bereichen, auf regional kontrollierte, partizipatorische und transparente Strukturen hinarbeiten sollten, die unsere zerfallende zerstörerische Infrastruktur ersetzen.

Dadurch können wir uns eine Zukunft vorstellen, in der unser Leben nicht von undemokratischen Infrastrukturen bestimmt wird – von ausbeuterischen und ungerechten Energie-, Ernährungs-, Gesundheits- und Verkehrssystemen. Wir können uns eine Zukunft vorstellen mit einer Infrastruktur für und mit den Menschen. Viele soziale Bewegungen arbeiten daran, sich diesen Wandel auszumalen sowie ihn zu erschaffen, um eine Wirtschaft hinter sich zu lassen, die nur baggert, verbrennt, verbraucht und sich hin zu zukunftsfähigen und regenerativen Lebensweisen zu bewegen. Für diese Bewegungen kann es einen Weg nach vorn darstellen, solidarisch füreinander zu sorgen.

2

Solidarität statt Wohltätigkeit!

Das Mainstream-Verständnis davon, wie Menschen in Krisen unterstützt werden sollten, bezieht sich auf das Konzept der Wohltätigkeit. Und um es ganz klar zu sagen: Solidarische Fürsorge ist nicht Wohltätigkeit. *Wohltätigkeit*, *Charity*, *Wohlfahrt* – das sind Begriffe, die meist meinen, dass reiche Leute oder Behörden über Unterstützung für arme Menschen entscheiden. Reiche Leute oder Behörden entscheiden also darüber, welchen Menschen geholfen wird, wo die Grenzen dieser Hilfe liegen und an welche Bedingungen sie geknüpft ist. Eines ist sicher: Solche Hilfe ist nicht darauf ausgelegt, die Grundursachen von Armut und Gewalt zu bekämpfen. Sie ist darauf ausgelegt, das öffentliche Bild der Eliten, die sie finanzieren, zu verbessern, und ein winziges, unzulängliches Pflaster auf die riesige soziale Wunde zu kleben, die von ihrer Gier verursacht wird.

Das Modell der Wohltätigkeit, mit dem wir heute leben, hat seine Ursprünge in den christlich-europäischen Bräuchen Wohlhabender, Almosen an arme Menschen zu geben, um sich selbst den Weg in den Himmel zu erkaufen. Es basiert auf einer moralischen Hierarchie von Wohlstand – die Vorstellung, dass reiche Menschen aus sich selbst heraus besser und sittlicher seien als arme Menschen, weswegen sie es verdient hätten, über ihnen zu stehen. Es ist also wenig überraschend, dass das Modell der Wohltätigkeit suggeriert, dass Armut von Faulheit oder Sittenlosigkeit kommt und dass nur arme Menschen, die zeigen können, dass sie moralisch würdig sind, Hilfe verdient haben.

Wohltätigkeit ist heutzutage vielerorts oft an Auflagen geknüpft. Zum Beispiel müssen die Menschen enthaltsam von Alkohol und anderen Drogen leben, sie müssen sich an religiöse Verhaltensregeln halten, zu bestimmten Uhrzeiten zuhause sein, an Schulungsmaßnahmen oder Elterntraining teilnehmen, mit der Polizei kooperieren, einen rechtmäßigen Aufenthaltsstatus haben, oder die Vaterschaft ihrer Kinder muss bekannt sein. In Wohltätigkeitsprogrammen bestimmen Sozialarbeit*erinnen, Mitarbeit*erinnen des Gesundheitswesens, Lehr*erinnen, Geistliche, Ju*ristinnen und Staatsbedienstete, welche Menschen in Armut Hilfe verdienen. Ihre Auswahlmethoden und sogar die Regeln, die sie durchsetzen, verstetigen üblicherweise rassistische und sexistische Narrative. Dazu gehört zum Beispiel die Vorstellung, dass arme Frauen of Color und Frauen, die eingewandert sind, zu viele Kinder haben, oder dass Schwarze Familien zerrüttet sind, oder dass Indigene Kinder es besser haben, wenn sie von ihren Familien und Communitys getrennt werden, oder dass Menschen arm sind, weil sie Drogen nehmen.

Ein konkretes Beispiel ist das us-amerikanische Regierungsprogramm »Temporary Assistance to Needy Families« (TANF), das in 14 Bundesstaaten die Größe von Familien »deckelt«. Diese gesetzliche Deckelung verhindert, dass arme Familien zusätzliche Leistungen beziehen können, wenn sie ein weiteres Kind bekommen. In Massachusetts zum Beispiel bekommt ein alleinerziehendes Elternteil mit zwei Kindern jämmerliche 578 Dollar TANF-Zahlungen pro

Monat. Wenn aber ein zweites Kind erst geboren wird, während die Familie schon TANF erhält, besteht kein Anspruch für dieses zweite Kind und die Familie erhält 100 Dollar weniger pro Monat, also 478 Dollar. Diese Regelung folgt aus der rassistischen und sexistischen Vorstellung, dass arme Frauen, insbesondere Frauen of Color und eingewanderte Frauen, davon abgehalten werden sollten, Kinder zu haben, sowie der falschen Annahme, dass ihre Armut irgendwie damit zu tun hat, dass sie sich zu stark fortpflanzen. Zu schädlichen und moralisierenden Auswahlkriterien gehört auch, wenn Menschen erst beweisen müssen, dass sie keinen Alkohol trinken, dass sie keine Drogen nehmen, oder dass sie psychiatrisch betreut werden, um für Wohnungsprogramme infrage zu kommen.

Wohltätigkeitsprogramme, sowohl vom Staat als auch von Non-Profits, sind außerdem so aufgebaut, dass es stigmatisierend und erniedrigend ist, Hilfe in Anspruch zu nehmen. Die vorgeschriebenen Maßnahmen und die dann bewilligten viel zu niedrigen Leistungen oder die endlosen persönlichen Fragen, lassen Empfäng*erinnen wie Betrüg*erinnen oder Gaun*erinnen erscheinen, und sie sind absichtlich erniedrigend und abwertend. Das soll sicherstellen, dass die Menschen jede Arbeit zu jedem ausbeuterischen Lohn und jeder Bedingung annehmen, um bloß zu vermeiden auf Leistungen angewiesen zu sein. Wohltätigkeit lässt reiche Menschen und Unternehmen nach außen großzügig aussehen. Doch gleichzeitig ist sie darauf ausgelegt, eben die Systeme aufrechtzuerhalten und zu legitimieren, die den Wohlstand überhaupt erst auf so Wenige konzentrieren.

Wohltätigkeit ist zunehmend privatisiert und meist in den riesigen Non-Profit-Sektor ausgelagert. Gleich in doppelter Hinsicht haben reiche Menschen davon mehr als arme Menschen. Erstens können Spend*erinnen aus der Elite den Laden schmeißen. Sie entscheiden, was finanziert wird und was nicht. Non-Profits konkurrieren miteinander um Geldmittel. Um ihre Finanzierung zu sichern, müssen Non-Profits ihre Arbeit den Geldgeb*erinnen gegenüber legitim erscheinen lassen. Konkret bedeutet das, dass sie sich daran orientieren, was die Geldgeb*erinnen über die Gründe und Lösungen eines bestimmten Problems denken, anstatt diese Meinungen herauszufordern. So kann es sein, dass Geldgeb*erinnen Non-Profits bevorzugen, die Enthaltsamkeit von Rauschmitteln voraussetzen, um in einer Unterkunft für Wohnungslose einen Platz zu bekommen. Denn diese reichen Menschen reden sich ein, dass Wohnungslosigkeit durch Drogengebrauch entsteht und nicht durch den kapitalistischen Wohnungsmarkt. Außerdem müssen Non-Profits versuchen, sich als »erfolgreich« oder »wirkungsvoll« zu präsentieren, unabhängig davon, ob ihre Arbeit tatsächlich die Grundursachen des Problems behandelt. Beispielsweise behaupten soziale Non-Profits häufig, dass sie mit einer großen Anzahl von Menschen gearbeitet haben, obwohl die meisten dieser Menschen dem System weiterhin schutzlos ausgeliefert sind oder gar nicht das bekommen haben, was sie von der Non-Profit benötigt hätten. Ebenso tun Organisationen für Wohnungslosigkeit manchmal so, als hätten sie die Nutzung von Unterkünften reduziert, obwohl es eigentlich so ist, dass die Menschen die Unterkunft zwar aus verschiedensten Gründen nicht mehr nutzen, aber dennoch weiterhin wohnungslos sind.

Auf diese Weise werden Non-Profits, die sich mit Armut und Wohnungslosigkeit befassen, im Grunde animiert, arme Menschen einfach nur zu *verwalten*. Sie bieten begrenzten und an Bedingungen geknüpften Zugang zu gefängnisartigen Unterkünften und zwingen die Leute, Finanzplanungskurse zu belegen oder ihre Enthaltsamkeit zu beweisen. Sie machen nicht die bedrohlichere und effektivere Arbeit von Soli-Gruppen. Diese setzen sich mit ihrer Graswurzel-Arbeit für Wohnungsgerechtigkeit ein, indem sie beispielsweise Zeltlager gegen Überfälle und Räumungen durch die Polizei schützen, schnelle Gesundheitsversorgung und Lebensmittel für arme und wohnungslose Menschen ohne Wenn und Aber anbieten, Immobilien-Invest*orinnen, Miethaie und Gentrifizierung bekämpfen, und für Wohnungen streiten, die ein langfristiges Zuhause sein können. Dass reiche Menschen die Finanzierung von Non-Profits kontrollieren, hält diese davon ab, die Arbeit zu tun, die den Status quo bedroht, oder davon, einzugestehen, wenn ihre Strategien an ihre Grenzen stoßen. Im schlimmsten Fall sind Non-Profits in Programme integriert, die verletzliche Menschen noch verletzlicher machen. Ein Beispiel hierfür ist das Homeless Management Information System, ein in den USA landesweit genutztes digitales Datenmanagement-Tool. Es verlangt von Diensten und wohltätigen Gruppen für Wohnungslosigkeit, dass sie die Namen und Personendaten ihrer Klientel erfassen, um Gelder zu erhalten. So setzt es kriminalisierte Menschen und Menschen ohne Aufenthaltsgenehmigung noch größeren Gefahren aus.

Zweitens profitieren reiche Menschen mehr von Wohltätigkeit als arme Menschen, weil das Non-Profit-System steuerliche Vorteile für sie schafft. Sie können einen Haufen ihres Geldes in eine wohltätige Stiftung stecken, vermeiden es so, Steuern darauf zu zahlen und können es stattdessen in ihre Lieblingsprojekte fließen lassen. Das meiste Geld einer Stiftung geht an Dinge, die die Vorstandsmitglieder und die geschäftsführende Direktion (die im Falle von us-amerikanischen Stiftungen zu über 90 Prozent *weiß* sind) wertschätzen, wie ihre Alma Mater, die Oper und Museen. Stiftungen müssen nicht einmal besonders viel ihres Geldes geben: pro Jahr geben sie in den USA nur etwa fünf Prozent aus und profitieren dennoch von steuerlichen Vorteilen und dem Prestige, das mit ihrer vermeintlichen Nächstenliebe einhergeht. Außerdem können diese fünf Prozent dazu benutzt werden, Freun*dinnen und der Familie Hunderttausende Dollar im Jahr dafür zu zahlen, dass sie »Treuhänd*erinnen« der Stiftung sind.

Dass dieser Non-Profit-Sektor geschaffen wurde, der sich im letzten halben Jahrhundert so sehr aufgebläht hat, war eine direkte Reaktion auf die Bedrohung durch die riesige Popularität solidarischer Fürsorge in den antirassistischen, antikolonialistischen und feministischen Bewegungen der 1960er und 70er Jahre. Diese »Non-Profitisierung« von Hilfs- und Unterstützungsstrukturen war darauf ausgelegt, uns zu demobilisieren, Unrechtssysteme zu legitimieren und die Tatsache zu verbergen, dass echter Wandel durch Bewegungen von Millionen ganz gewöhnlicher Menschen entsteht, nicht durch kleine Gruppen von Fachleuten, die dafür bezahlt werden. Heutzutage werden Non-Profits, die vorgeben sich mit Armut zu befassen, meist von *weißen* Eliten geführt. Non-Profits und Universitäten vertreten die Vorstellung, dass Leute, die zumindest irgendeinen passenden Master-Studiengang belegt haben, am geeignetsten seien, Lösungen für soziale Probleme zu finden. Das lässt die Gründe für Armut geheimnisvoll oder wie eine rätselhafte Rechenaufgabe wirken, die nur Menschen mit höherem Abschluss lösen können. Doch jede arme Person weiß, wodurch Armut ausgelöst wird: durch die

Gier der Vorgesetzten, Vermiet*erinnen und Krankenversicherungen, durch Systeme *weißer* Vorherrschaft und Überlegenheitsvorstellungen sowie durch Kolonialismus, Krieg und Vertreibung. Wenn reiche Menschen nach Lösungen für Armut suchen, geht es immer darum, arme Menschen zu verwalten, und nie darum, Reichtum umzuverteilen.

Dazu kommt, dass der Non-Profit-Sektor statt Unrecht zu beheben, es auch noch innerhalb seiner Organisationen vervielfacht. Non-Profits werden üblicherweise wie Unternehmen betrieben, mit einer leitenden Person ganz oben, die für die Menschen unter ihr Dinge entscheidet. Non-Profits haben dieselben Probleme wie andere Unternehmen, die auf Hierarchien aufbauen: drastisch ungleiche Bezahlung, gender- und rassifizierungsspezifische Lohngefälle, sexuelle Belästigung am Arbeitsplatz, ausgebeutete Angestellte und Burn-out. Obwohl sie sich darstellen, als hätten sie die Lösung für die Probleme des gegenwärtigen Systems, reproduzieren, legitimieren und stabilisieren Non-Profits dieses System meist.

Das Modell der Wohltätigkeit offenbart sich unter anderem in der Vorstellung davon, »eine Herzenssache zu haben«. Promis und Wohltät*erinnen führen vor, dass es wie die Kleidung, die sie tragen, zu ihrer Marke gehört, sich ein Thema auszusuchen, um das sie sich kümmern, für das sie Geld geben oder sammeln. Diese Vorstellung einer klar abgrenzbaren Herzenssache hält uns still. Wir werden ermutigt, vor allem stumpfe Konsum*entinnen zu sein, die vielleicht mal bei einer Suppenküche aushelfen, Videos über Tierrechte in den Sozialen Medien posten oder ab und an ein T-Shirt mit einem feministischen Slogan tragen. Uns wird erzählt, dass nur die wenigen Ex*pertinnen oder Spezial*istinnen bei den Non-Profits mehr Zeit der Arbeit für Gerechtigkeit widmen sollten, indem sie daraus eine Karriere machen – aber sogar die sollen bloß weiterhin gefügige Konsum*entinnen sein.

Die falsche Trennung von politischem Unrechtsbewusstsein und alltäglichem Leben – und die Vorstellung, dass Aktivismus eine Art Lifestyle-Accessoire ist – demobilisiert unsere Bewegungen, verdeckt die Grundursachen des Unrechts und lässt uns passive Kom*plizinnen bleiben. Starke soziale Bewegungen haben da eine andere Perspektive. Wir argumentieren, dass alle Aspekte unseres Daseins – wo und wie wir wohnen und arbeiten, essen, uns vergnügen, von Ort zu Ort gelangen und ein Auskommen im Leben finden– durchdrungen sind von Unrecht und möglichem Widerstand dagegen. Im besten Falle schaffen soziale Bewegungen lebendige soziale Netzwerke, in denen wir nicht nur als Gruppe arbeiten, sondern in denen wir Freun*dinnen haben, Kunst machen, Sex haben, Kinder kriegen und aufziehen, alternative Gemeinschafts- und Wohnkonzepte aufbauen und einander inspirieren, wie wir Befreiung in allen Aspekten unseres Lebens kultivieren können. Aktivismus und solidarisches Füreinander sollten sich nicht wie ehrenamtliche Arbeit oder wie ein Hobby anfühlen, sondern danach, im Einklang zu leben mit dem, was wir uns für die Welt erhoffen und was unsere Leidenschaften sind. Es sollte uns beleben.

Das Modell der Wohltätigkeit sagt uns, dass wir schon zufrieden damit sein können, wenn wir »etwas zurückgeben«. Uns zu überzeugen, dass es genügt, hier ein wenig ehrenamtlich zu arbeiten oder da etwas zu posten, ist eine effektive Methode, uns ruhigzustellen. Die Menschen gegenüber dem Leid in der Welt – und dem eigenen Leid – abzustumpfen, ist unerlässlich dafür, dass die Dinge so bleiben, wie sie sind. Die Realität ist aber, dass die Situation furchteinflößend und aufwühlend ist, und vielleicht ist es einfach nur angemessen *mehr* Wut, Angst, Traurigkeit, Trauer und Verzweiflung zu empfinden. Diese Gefühle können uns helfen, dass wir uns von falschen Lösungen weniger einlullen lassen, und uns antreiben, kollektiv für den Wandel weiterzuarbeiten.

Das bedeutet nicht, dass es sich nie gut anfühlt, solidarisch füreinander zu sorgen. Ganz im Gegenteil, es ist häufig sehr befriedigend und verbindend, schafft enge Beziehungen, wilde Partys und anhaltende Sinnhaftigkeit. Meiner Erfahrung nach ist es ein *Mehr* an Engagement, das uns belebt – öfter neugierig zu sein, öfter bereit zu sein das Leid wahrzunehmen, das uns umgibt, und häufiger zu fragen, wie wir uns anders dazu verhalten können. Beteiligter zu sein an den komplexen, schmerzhaften Realitäten, die wir erleben, und an der fürsorglichen, engagierten, gemeinschaftlichen Gerechtigkeitsarbeit fühlt sich viel besser an, als abzustumpfen oder als leere, selbstzweckhafte Gesten der Wohltätigkeit. Es fühlt sich gut an zuzulassen, dass unsere Werte uns sagen, wo es langgeht.

Auf vielerlei Weisen definieren sich solidarische Fürsorge-Projekte, indem sie sich vom Modell der Wohltätigkeit abgrenzen wie es sich heute im Non-Profit-Sektor manifestiert. Soli-Projekte mobilisieren viele Menschen statt weniger Ex*pertinnen; sie verweigern sich Auswahlkriterien, die stigmatisiertere Menschen ausgrenzen; sie sind wichtiger Teil unseres Lebens und nicht bloß ein öffentlichkeitswirksames Hobby; und sie kultivieren nicht nur ein gemeinsames Verständnis der Grundursachen eines Problems, sondern holen auch Menschen mit an Bord, die wissen, was wir dagegen tun können. Teil II dieses Buches befasst sich damit, wie wir unsere Fürsorgearbeit so gestalten können, dass wir diese Ziele möglichst erfolgreich umsetzen können, ohne über die Fallstricke des Wohltätigkeitsmodells und hierarchischer Verhaltensmuster zu stolpern. Dieses Modell und diese Muster sind nämlich so tief in uns und in der Gesellschaft verwurzelt, dass sie sogar in einer Aktiv*istinnen-Gruppe Unrechtsstrukturen reproduzieren können.

Was wir jetzt aufbauen und ob wir es so stabil bauen, dass es von Dauer ist, bestimmt darüber, wie gut wir auf die nächste Pandemie vorbereitet sind. Es bestimmt darüber, wie gut wir auf die verschiedenen Ausprägungen der Klimakatastrophe vorbereitet sind, auf die anhaltende Katastrophe *weißer* Vorherrschaft und Überlegenheitsvorstellungen, auf die des Kapitalismus. Und das wird auch darüber bestimmen, wie gut wir auf die wunderbaren Rebellionen vorbereitet sind, die all den Katastrophen mutig trotzen und die Welt in einen besseren Ort verwandeln.

3

Mehr fordern, mehr erreichen

Für bestehende Systeme stellen Katastrophen tiefe Einschnitte dar. Sie brechen zusammen und werden dann wiederhergestellt, ersetzt oder abgeschafft. Katastrophen verschärfen Ungleichheiten und decken sie auf, und sie machen auf längst bestehende Krisen aufmerksam, die die Eliten ignorieren oder verstecken wollen. Im Katastrophenfall fangen Regierungen und Unternehmen oft schnell an, das, was geschieht, herunterzuspielen. Sie tun das in der Hoffnung, so bald wie möglich zum Status quo des Ausbeutens von Rohstoffen und Menschen sowie zum Profitmachen zurückzukehren. Sie wollen die Lorbeeren dafür einheimsen, entschlossen gehandelt und das Schlimmste verhindert zu haben, um so die Rufe nach Unterstützung ruhigzustellen. Regierende und die Reichsten der Reichen nutzen Katastrophen auch als Gelegenheit dafür, die Reformen voranzutreiben, die ihnen schon lange unter den Nägeln brennen. COVID-19 hat es beispielsweise der Rechten ermöglicht, verschiedene Erfolge einzufahren: geschlossene Grenzen, ausgesetzter Umweltschutz, Hunderte Millionen Dollar mehr für FBI, DEA und Polizeibehörden, und mehr Möglichkeiten für die Polizei, Menschen in Armut zu belästigen und zu kriminalisieren, weil sie angeblich Anordnungen für die öffentliche Gesundheit missachtet hätten.

Doch gleichzeitig sind Katastrophen Gelegenheiten, Unrecht aufzudecken und linke Forderungen voranzutreiben. COVID-19 ist auch eine Chance gewesen, Menschen zu mobilisieren, sich gegen Unrecht und Ungerechtigkeiten zu wehren. Während immer mehr Menschen ihre Arbeit verlieren oder gezwungen sind, gefährlichen Jobs nachzugehen, halten wir mehr und mehr zusammen gegen Vermiet*erinnen, Vorgesetzte, die Polizei, Gefängnisse und ein profitgetriebenes Gesundheitssystem. Im Streben danach, die schlimmsten Folgen der Pandemie einzudämmen, hat es einige Formen staatlicher Hilfe gegeben, die uns Hoffnung gemacht haben, dass eine andere Lebenswelt möglich ist: Moratorien gegen Zwangsräumungen, mehr Arbeitslosengeld und Einkommensunterstützung, kostenloser öffentlicher Nahverkehr, Aussetzung der Rückzahlung von Studienkrediten und mehr. Zwar war diese Hilfe alles andere als umfassend oder angemessen, aber sie hat gezeigt, dass die Dinge, für die unsere Bewegungen kämpfen, eben doch möglich sind.

Katastrophen sind Dreh- und Angelpunkte für im Wettbewerb stehende politische Programme, Momente, in denen viel verloren oder gewonnen werden kann. Dass wir die Welt, die wir wollen, auch bekommen, ist keineswegs garantiert. Unsere Geg*nerinnen die derzeit den Großteil des Landes, der Arbeit, der Nahrung, der Wohnungen, des Verkehrs, der Waffen, des Wassers, der Energie und der Medienlandschaft kontrollieren, arbeiten fieberhaft daran, den Status quo beizubehalten. Der Wohlstand soll ungleich verteilt bleiben, der gewaltsame Druck soll aufrechterhalten werden – oder eigentlich soll beides noch verschärft werden, um Profite und Macht weiter anwachsen zu lassen. Wir können aber gewinnen, wenn wir kollektiv begreifen, was sie nicht kontrollieren – uns –, und kollektiv ihre Systeme missachten und stören, um die Kontrolle über unser Leben zurückzuerlangen. Wenn wir wollen, dass so viele Menschen wie möglich überleben, und dass wir heute und morgen bekommen, was wir brauchen, dann müssen wir Katastrophen dazu nutzen, Menschen zu helfen *und* sie zu mobilisieren. Und das funktioniert, indem wir solidarisch füreinander sorgen. Während der COVID-19-Pandemie ist die Anzahl von Soli-Gruppen viel größer geworden. So viele Menschen kennen nun unsere Art zu arbeiten, wie schon seit Jahrzehnten nicht mehr. Eine großartige Gelegenheit für uns, vieles zu verändern.

Wir brauchen solidarische Gruppen und Netzwerke, die Millionen neuer Menschen an eine Arbeit heranführen können, die ihr Verständnis dafür vertieft, was die Grundursachen für die Krisen und Ungleichheiten sind, die sie auf die Barrikaden bringen, eine Arbeit, die ihnen beibringt, mutig und kollektiv zu handeln. Wir brauchen Gruppen und Netzwerke, die nicht nach dem Scheitelpunkt der Krise verschwinden, sondern die Teil einer andauernden und nachhaltigen Mobilisierung werden. Sie müssen darauf ausgelegt sein, die Menschen weiter zu unterstützen und noch mehr Druck aufzubauen, um noch größere Siege einzufahren.

Während die Mobilisierung Fahrt aufnimmt, begegnen Regierungen, Unternehmen und private Medien der Arbeit von Soli-Projekten auf drei Arten. Alle drei sind, während ich dies schreibe, in Bezug auf die COVID-19-Pandemie schon erkennbar. Die Reaktionen treten oft gleichzeitig auf, bei verschiedenen Behörden, Mandatsträg*erinnen und Regierungsebenen: Manche ignorieren die wachsende Anzahl der Gruppen, die solidarisch füreinander sorgen. Manche labeln ihren Einsatz als engagierte Ehrenamtlichkeit und stellen ihn dar, als würde er staatliche Hilfen und bestehende Systeme ergänzen, statt ihnen entgegenzustehen. Und manche Polizei- und Geheimdienstbehörden überwachen und kriminalisieren die Soli-Arbeit.

Erleben konnten wir das bei der Reaktion auf Hurrikan Sandy im Jahr 2012. Occupy Sandy, ein solidarisches Freiwilligen-Netzwerk in New York und New Jersey, das aus Occupy Wall Street hervorging, organisierte über 60 000 Helf*erinnen. Diese versorgten Menschen mit Nahrung, Wasser, Medikamenten und anderen Bedarfsgütern, als sie von einer völlig unvorbereiteten Regierung ohne Strom und unter katastrophalen Bedingungen zurückgelassen wurden. Das Department of Homeland Security weitete seine Spionagearbeit von Occupy Wall Street auf Occupy Sandy aus, während gleichzeitig manche New Yorker Regierungsbehörden Occupy Sandy halfen, Vorräte zum Weiterverteilen zu bekommen. Gouverneur Andrew Cuomo und der New Yorker Bürgermeister Michael Bloomberg ignorierten weitestgehend, was die Menschen von Occupy Sandy leisteten, und waren vor allem damit beschäftigt, ihren eigenen Ruf zu managen.

Das grundlegende Ziel jeder dieser drei Reaktionen ist es, die Legitimität und Stabilität des bestehenden Systems sicherzustellen, und Alternativen zu delegitimieren. Im besten Falle werden solidarische Fürsorge-Projekte als harmlose, vorübergehende Ergänzungen zu bestehenden System gerahmt. Manchmal bemühen sich Mandatsträg*erinnen und Regierungsbehörden sogar darum, legitimierter zu erscheinen, indem sie sich mit den Projekten assoziieren, wenn diese sich als geeigneter erweisen, menschliche Bedürfnisse zu erfüllen, als die laufenden Regierungsmaßnahmen. Im schlimmsten Falle werden solidarische Fürsorge-Projekte als unrechtmäßig, gefährlich und kriminell dargestellt. Das zeigt sich in den Polizeiangriffen auf die Frühstücksprogramme der Black Panther Party oder in den Überfällen der Regierung Trumps auf die medizinischen Lager von No More Deaths (eine Gruppe, die Migran*tinnen an der südlichen Grenze der USA Unterstützung anbietet). Wenn Gruppen, die solidarische Fürsorge-Arbeit machen, erfolgreich koordiniert und legitimiert im Widerspruch zu existierenden Systemen handeln, dann greift der Staat typischerweise hart dagegen durch.

Dass Solidarität kriminalisiert wird, zieht sich durch die Geschichte sozialer Bewegungen, eben weil solidarische Fürsorge sich Unrechtssystemen direkt entgegenstellt und Alternativen anbietet. Gruppen, die in heutzutage besonders risikobehaftet Kontexten ganz vorn dabei sind, haben wertvolle Kenntnisse und Erfahrungen damit, Sicherheitsrisiken zu navigieren. Dazu gehören beispielsweise Gruppen, die Menschen Zugang zu Abtreibungen und entsprechenden Medikamenten verschaffen, die an ihrem Einsatzort illegal sind; oder Gruppen, die Drogennutz*erinnen saubere Spritzen und sichere Konsumorte anbieten, an Orten, wo das gegen das Gesetz verstößt; Gruppen, die sich um das Wohlergehen von Menschen kümmern, die kriminalisierte Sex-Arbeit machen; und auch Gruppen, die wohnungslosen Menschen helfen, leerstehende Häuser zu besetzen. Wir können von ihnen lernen, wie wir die Polizei meiden und/oder und ihr entgegentreten können, wie wir elektronische Kommunikation gleichzeitig sicherstellen und sicher machen können, wie wir den verletzlichsten Menschen Schutz davor bieten können, ausgeliefert zu sein. Das kann uns alle, die solidarisch füreinander sorgen wollen, unterstützen, unser Handeln darauf auszurichten, (hoffentlich) eine Bedrohung für den Status quo darzustellen.

Im Angesicht zunehmender Mobilisierung und Widerständigkeit – wie bei der Rebellion gegen rassistische Polizeigewalt im Sommer 2020 – oder aus Angst vor einem weiteren destabilisierenden Unglück machen Regierungen und die Unternehmen, die sie vertreten, manchmal Zugeständnisse, die häufig so aussehen, wie das, was solidarische Fürsorge-Projekte auch bieten. In Zeiten großen sozialen und wirtschaftlichen Aufruhrs – wie während COVID-19 – weiten Regierungen Einkommensunterstützung aus, meist in Form von Sozialhilfe, Arbeitslosengeld oder Einmalzahlungen. Aber staatliche Hilfe kann auch bedeuten, Wohnungsbesetzung zu legalisieren, mobile medizinische Sprechstunden bereitzustellen, Mahlzeiten an öffentlichen Schulen anzubieten, Restorative Justice, also Programme für Wiedergutmachung zu schaffen, Ressourcen für Menschen, die aus dem Gefängnis entlassen wurden, aufzubauen und mehr. Zugeständnisse wie diese, bei denen der Staat etwas bereitstellt, was vorher nur durch die Fürsorge-Arbeit von solidarischen Gruppen geleistet wurde, können von Bewegungen durchaus als Teilsiege gefeiert werden: *Was wir hier geschafft haben, war so gut, da hat einfach kein Weg drumherum geführt!* Zudem können auf diese Weise viel mehr Menschen die unerlässliche Hilfe bekommen, die sie brauchen, als wenn alles nur am solidarischen Einsatz einzelner Gruppen hängt. So hat das Frühstücksprogramm des Landwirtschaftsministeriums mehr Kinder ernährt als das Frühstücksprogramm der Black Panther Party, das seinen Ausbau erst angestoßen hatte.

Doch es ist wichtig, sich bewusst zu machen, dass diese Zugeständnisse notwendigerweise begrenzt sind. Erstens können sie wieder eingeschränkt und eingestampft werden, sobald der Moment der Instabilität vorbei ist. In der Geschichte der USA folgt die Unterstützung von Menschen in Armut genau diesem Muster: Sie wird zu Krisenzeiten ausgebaut und dann zusammengestrichen und stigmatisiert, sobald die Krise abgeklungen ist. Schon bald sind die Menschen wieder verzweifelt und ebenso bald haben es ihre Arbeitgeb*erinnen wieder leicht, sie auszubeuten. Zweitens können Regierungsangebote zwar manchmal mehr Menschen erreichen als die Arbeit solidarischer Gruppen vor Ort, doch werden dabei normalerweise besonders ungeschützte Menschen ausgeschlossen. Das gilt zum Beispiel für Menschen, die kriminalisiert sind, die in der Schattenwirtschaft arbeiten, die wohnungslos sind oder keine Aufenthaltsgenehmigung haben. Die Programme für Sozialhilfe und Einkommensunterstützung in den USA – von der Altersvorsorge und Leistungen für Menschen mit BeHinderung bis hin zu Unterstützung für Familien in Armut – sind durchgängig darauf ausgerichtet, dass Frauen, People of Color und Indigene Menschen ausgeschlossen werden oder weniger bekommen. Der New Deal zum Beispiel kam zustande, um die antikapitalistischen Aufstände infolge der Großen Depression der 1930er Jahre ruhigzustellen und um das kapitalistische System zu stabilisieren. Deshalb war er so strukturiert, dass Frauen sowie häusliche und landwirtschaftliche Arbeit*erinnen (die überproportional häufig Schwarz und Lateinamerika*nerinnen waren) keine Leistungen bekamen. Indem er viele Leistungen an Arbeit knüpfte, verstetigte der New Deal außerdem den Status quo zermürbender Armut für Menschen mit BeHinderung.

Immer, wenn wir uns auf ein kapitalistisches, imperialistisches System verlassen, damit grundlegende Bedürfnisse erfüllt werden, können wir davon ausgehen, dass die Versorgung brüchig und unzureichend ist. Sie wird darauf ausgerichtet sein, die Bevölkerungsgruppen reicher zu machen, für die das System eigentlich geschaffen wurde: *w*eiße Menschen, reiche Menschen, heterosexuelle Menschen und männlich gelesene Menschen. Und oft bleiben die Zugeständnisse leere Versprechungen, die nur gemacht wurden, um den aufkeimenden Widerstand zu unterdrücken.

Wenn es um Zugeständnisse geht, ergibt sich daraus vor allem dies: Weil es das Ziel der Eliten ist, so wenig wie möglich nachzugeben und den Status quo so weit wie möglich aufrechtzuerhalten, bekommen wir mehr, wenn wir mehr verlangen, gewagter und mutiger handeln und größeren Druck aufbauen. Es hat Massen-Bewegungen gebraucht, die an den Grundfesten des Kapitalismus gerüttelt haben, wie die der Großen Depression und die Aufstände gegen Rassismus in den 1960ern, nur um stigmatisierende, knauserige Sozialhilfe zu bekommen. Jahrzehnte von Aufständen gegen Polizei-Brutalität haben nur oberflächliche Polizei-Reformen gebracht, von denen viele darin bestanden, der Polizei mehr Geld und mehr Personal zu geben. Anders ausgedrückt, sogar unbefriedigende Zugeständnisse gibt es nur mit großen, anhaltenden, störenden Mobilisierungen. Leit*erinnen von Non-Profits und Politik*erinnen ermutigen häufig zu »Pragmatismus« und friedlichem, schrittweisem Wandel. Doch wenn wir echten Wandel herbeiführen wollen, muss Pragmatismus bedeuten, dass wir uns das umfassendste Bild dessen ausmalen, was wir wollen, und voll in die direkte Aktion einsteigen, um es zu bekommen. Zugeständnisse, die in Krisen erreicht werden – Krisen sowohl im Sinne von plötzlichen Unglücken als auch im Sinne von machtvollen sozialen Unruhen –, sind so stabil und anhaltend, wie die Kämpfe, die sie erzwungen haben. Eliten und ihre Non-Profit-Gatekeeper ermutigen uns, kleine, »vernünftige« oder »realistische« Forderungen zu stellen, und sie versuchen unser Handeln in öffentliche Kanäle zu lenken, die nicht stören, mit Narrativen über »friedliche Proteste« und darüber, »sich an einen Tisch zu setzen«. Die Eliten regen zu Reformen an, die davon ausgehen, dass die Systeme, die wir niederreißen wollen, im Kern fair und reparabel sind. Wir müssen uns weigern, unsere Visionen von den Zugeständnissen einschränken zu lassen, zu denen sie bereit sind. Was wir wollen, ist eine radikal andere Welt, die die Systeme abschafft, die es ihnen ermöglicht, unsere Leben zu kontrollieren.

Wenn wir mit unserem Handeln bisher Zugeständnisse erkämpft haben, die bestenfalls einige Menschen entlasten, aber letztlich bestehende Systeme stabilisieren, wie wäre es dann, wirklich zu gewinnen? Was erhoffen wir uns davon, Gruppen aufzubauen, um solidarisch füreinander zu sorgen, wenn nicht, dass die Regierung eines Tages leistet, was wir jetzt leisten? Wenn unsere jetzigen Systeme auf illegitimer Autorität basieren, und Zwang und Gewalt nutzen, um uns an sie zu binden, und wenn diese Systeme vor allem darauf ausgelegt sind, Reichtum und Entscheidungsmacht auf wenige Menschen zu konzentrieren, was ist dann die Alternative?

In einer Welt mit den militarisiertesten Grenzen, den umfangreichsten Überwachungstechnologien, der stärksten Ballung von Reichtum, der größten Inhaftierungsrate der Menschheitsgeschichte, den meisten Militärstützpunkten und Hightech-Waffen, den fortgeschrittensten Propaganda-Mechanismen kann es schwierig sein, sich andere Lebensweisen vorzustellen. Katastrophen verleiten oft dazu, uns eine wohlwollende Regierung herbeizusehnen, weil wir erleben müssen, wie die Regierung uns gnadenlos hängenlässt, und wir uns wünschen, dass die Dinge anders wären.

Unser Traum vom rettenden Staat ist auch deswegen so reizvoll, weil es schwierig ist, sich eine Welt vorzustellen, in der menschliche Bedürfnisse durch Systeme kollektiver Selbstbestimmung erfüllt werden und nicht durch Systeme des Zwangs. Wir sind es gewohnt, die Wahl zu haben zwischen einem Staat, der die Bedeutung der Katastrophe leugnet und die Menschen der Verwüstung überlasst, oder einem Staat, der mit unangemessener Hilfe reagiert, die mit ausgeweiteter Polizeikontrolle, Überwachung, Militarisierung und noch mehr Reichtum für die Reichen einhergeht. Also haben wir eigentlich gar keine Wahl. Wegen der Art und Weise wie Kapitalismus unser Auskommen kontrolliert – Lebensmittel, Wohnungen, Kommunikation, Verkehr – und weil wir so abhängig von Systemen sind, die wir nicht kontrollieren, kann es schwierig sein, sich vorzustellen, dass wir anders überleben könnten. Aber die längste Zeit der Menschheitsgeschichte haben wir genau das getan, und solidarische Projekte können uns daran erinnern, dass es möglich ist und dass es befreiend ist.

In Soli-Projekten verpflichten wir uns einem würdigen, fürsorglichen und gerechten Handeln, und können so unsere Bedürfnisse und die anderer Menschen erfüllen. Dort können wir unsere gemeinsamen Aktionen koordinieren, weil wir fest daran glauben, dass wir alle wichtig sind und dass wir alle etwas Wichtiges zu unserer Arbeit beitragen können. Dort wird uns klar, dass wir selbst am besten wissen, wie wir angesichts all der Probleme, die uns umgeben, handeln müssen. Wir brauchen nicht von Fachleuten, Regierungsbe*amtinnen oder Menschen gerettet werden, die die Eliten für »Ex*pertinnen« halten. Solidarisches Füreinander kultiviert Praktiken und Strukturen, die es uns erlauben, auf ein gemeinsames Ziel hinzuarbeiten: Eine Gesellschaft, die kollektiv und selbstbestimmt organisiert ist, in der die Menschen in allen Aspekten ihres Lebens mitreden dürfen, anstatt vor die Pseudowahl gestellt zu werden, sich entweder einem brutalen und ausbeuterischen Arbeitsmarkt, Versicherungssystem oder Wohnungsmarkt zu unterwerfen, oder es zu riskieren, in der Kälte stehengelassen zu werden – friss oder stirb.

Was für Ideen haben wir, Solidarität so weit »zu skalieren«, dass alle haben, was sie brauchen, um sinnvoll mitsteuern und mitbestimmen zu können, in welchen Strukturen und unter welchen Bedingungen sie leben? Wegen der Dominanz von Unternehmens- und Non-Profit-Modellen, denken die Menschen oft, dass »skalieren« damit einhergeht, Projekte zu zentralisieren und zu standardisieren. Doch das widerspricht ganz klar dem, was es bedeutet, solidarisch füreinander zu sorgen. »Skalieren« bedeutet nicht, Gruppen zu vergrößern oder sie zu einer überregionalen oder landesweiten Organisation verschmelzen zu lassen. Die Bedürfnisse der Menschen in allen möglichen Situationen zu erfüllen, auch im Katastrophenfall, funktioniert am besten auf regionaler Ebene. Denn unseren Bedürfnissen werden wir am ehesten mit den Menschen gerecht, die sich in der Gegend am besten auskennen, und wenn wir es selbst sind, die die Entscheidungen fällen, die uns betreffen. Solidarität zu skalieren bedeutet, mehr und mehr Gruppen zu starten, die bewährtesten Methoden voneinander zu übernehmen, und sie für den Einsatz in bestimmten Gegenden, Subkulturen und Enklaven anzupassen. Es bedeutet, dass die Gruppen sich miteinander koordinieren, Ressourcen und Informationen teilen, einander den Rücken stärken und sich verbünden, um größere Schritte wie Miet- und Arbeitsstreiks, oder den Umsturz korrupter Regierungen und Industrien zu erreichen.

Ein solche Dynamik zeigt sich beispielweise, wenn Werksarbeit*erinnen die Besitz*erinnen verdrängen und die Kontrolle über das Werk übernehmen, um zu entscheiden, wie es betrieben wird, und faire Systeme für alle einzuführen: Ein Arbeitskampf, der zu einer Werksübernahme wird, ist »Skalierung«. Ein anderes Beispiel wären Menschen, die daran arbeiten, mit Solarenergie regionale Stromnetze zu schaffen. Diese Netze würden von eben den Leuten instandgehalten und beaufsichtigt, die sie nutzen, doch sie könnten ihre Praktiken und Ressourcen an andere Gruppen weitergeben, die regionale Stromnetze aufbauen und unterhalten. Die Kontrolle und Innovation bleiben regional, aber das Wissen, die Unterstützung und die Solidarität werden vernetzt und geteilt.

Wir wollen uns eine Gesellschaft vorstellen, in der wir alles teilen, alles mitbestimmen, alles haben, was wir brauchen, anstatt auf Zwang und Dominanz zu setzen. Dazu müssen wir die kapitalistische Propaganda abstreifen, die uns weißmachen will, Gier läge nun mal in der Natur des Menschen und wir würden einfach völlig enthemmt und gemeingefährlich alles an uns reißen, solange da nicht die Polizei ist, um uns in Schach zu halten. Das können wir vergessen, und stattdessen können wir auf etwas achten, das sich ganz besonders deutlich in Unglückszeiten zeigt: Menschen verbinden sich natürlicherweise gern miteinander und sind großzügig. Auch wenn wir häufig noch die kulturelle Last der *weißen* Vorherrschaft und Überlegenheitsvorstellungen, des Patriarchats und des Kapitalismus ablegen müssen. Wieder und wieder erleben wir, wie Menschen das Wenige, was sie nach Stürmen, Überschwemmungen und Bränden haben, miteinander teilen und einander so retten. Durch solidarische Fürsorge-Projekte, bekommen viele von uns die Gelegenheit, dieses großzügige Handeln zu verstetigen. Es lässt sich zu langfristigen Unterstützungssystemen ausbauen, die wir mit beeinflussen, in denen wir mitbestimmen, um uns allen zu helfen, all die Krisen um uns zu überleben und uns für den Wandel zu mobilisieren.

Im Ökosystem sozialer Bewegungen ist solidarische Fürsorge nur eine Strategie neben anderen wie direkter Aktion und politischer Bildung. Aber es ist die eine Strategie, die uns am besten dabei unterstützt, unsere Bewegungen und unsere Fähigkeit, die Dinge zu verändern, wachsen zu lassen. Denn es bringt Menschen dazu koordiniert zu handeln, um die Dinge *jetzt sofort* anzupacken. Solidarisch füreinander zu sorgen gewinnt an Bedeutung und Präsenz – im Kontext der COVID-19-Krise, in den Katastrophengebieten, die durch den Klimawandel entstehen, und während wirtschaftlicher Krisen. Das gibt uns die Gelegenheit, Millionen von neuen Widerstandskämpf*erinnen auszubilden, uns selbst beizubringen, langfristig zusammenzuarbeiten, und besser darin zu werden, solidarische Mit-Verantwortung in allen Bereichen des kollektiven Lebens zu praktizieren. Die Klima-Krise wird uns in den nächsten Jahren und Jahrzehnten mit immer heftigeren Katastrophen konfrontieren. Je mehr wir jetzt darin investieren, robuste solidarische Netzwerke aufzubauen, desto besser sind wir darauf vorbereitet, diese Katastrophen zu überleben, und desto besser können wir unser Zusammenleben in etwas Befreites und Befreiendes verwandeln.

- TEIL II -

ZUSAMMEN FÜR UNSER GEMEINSAMES ZIEL

Solidarische Fürsorge ist deswegen so wichtig, weil wir mit ihr *schnell* auf die überlebenswichtigen Bedürfnisse der Menschen eingehen können und weil sie uns dabei hilft, Hunderte Millionen Menschen für Gerechtigkeit und die Befreiung zu mobilisieren. Die meisten Menschen, die den Kampf gegen das Unrecht erst vor Kurzem für sich entdeckt haben, wollen am liebsten gleich voll einsteigen und sich der Sache annehmen, für die sie brennen. Unsere Projekte ermöglichen genau das. Darüber hinaus erfahren die Menschen in unseren Projekten aber auch von Lebensumständen, die sie vielleicht noch gar nicht kannten, die sie bisher noch nicht wütend gemacht hatten. Soli-Gruppen bieten ihnen einen Ort, sich sozialen Bewegungen anzuschließen, und eine Gelegenheit, neue solidarische Beziehungen aufzubauen.

Dieser Abschnitt des Buches ist für Menschen, die ein Projekt starten wollen, um solidarisch füreinander zu sorgen, oder schon bei einem solchen Projekt dabei sind, und die ganz bewusst eine Gruppenkultur und -struktur schaffen wollen, die ihrer Arbeit hilft zu gedeihen. Kapitel 4 beschreibt einige der häufigeren politischen Fallstricke, auf die unsere Gruppen achten sollten. Danach widmet sich Kapitel 5 dem Wesentlichen und bietet Werkzeuge, die helfen mit gängigen Problemen der Soli-Arbeit umzugehen. Es geht um Vorschläge, was Gruppen tun können, um mit Konflikten umzugehen und um nicht in ein Wohltätigkeitsmodell oder in marktwirtschaftliche Praktiken abzurutschen. Ebenso geht es um Ideen, was Einzelne in Gruppen tun können, damit sie es besser schaffen, diese Arbeit so mitfühlend und zugewandt wie möglich zu machen – also ganz im Sinne unserer Prinzipien.

4

Fallstricke der solidarischen Fürsorge

Sogar dann, wenn wir uns ausdrücklich dem Wohltätigkeitsmodell verweigern wollen, können solidarische Fürsorge-Projekte in dasselbe Fahrwasser geraten, wenn wir uns nicht fest in unseren Prinzipien verankern und besonders achtsam handeln. Unsere Gruppen haben es mit gefährlichen Tendenzen zu tun: Menschen aufzuteilen in diejenigen, die der Hilfe würdig sind und diejenigen, die es nicht sind; sich als Rett*erinnen aufzuführen; vereinnahmt zu werden; und unabsichtlich Bestrebungen zuzuarbeiten, öffentliche Infrastrukturen aufzulösen und sie mit privaten Unternehmen und Ehrenämtern zu ersetzen.

Hierarchien des Würdigseins

Menschen starten Soli-Projekte, weil bestehende Programme oder Dienste den Bedürfnissen der Menschen nicht gerecht werden und bestimmte Gruppen verletzlicher Menschen häufig ausschließen. Das berüchtigte Scheitern der US-Behörde für Katastrophenschutz FEMA in Unglücksfällen ist ein gutes Beispiel. Das Camp Fire in Kalifornien im Jahr 2018 war der tödlichste und verheerendste Waldbrand in der Geschichte des Bundesstaates, der landesweit schlimmste Waldbrand seit einem Jahrhundert und in dem Jahr die teuerste Naturkatastrophe der Welt. Mindestens 85 Menschen starben im Feuer, über 18 800 Gebäude wurden zerstört, 52 000 Menschen wurden evakuiert und der Gesamtschaden wird auf 16,5 Milliarden Dollar geschätzt. Eine Zeltstadt von geflüchteten Menschen entstand auf einem Walmart-Parkplatz in Chico, Kalifornien. In den Tagen nach dem Feuer verließen wohnungslos gewordene Menschen, die ausreichend Ressourcen hatten, die Zeltstadt wieder, weil sie sich eine neue Unterkunft leisten konnten oder weil sie bei Familie oder Freun*dinnen unterkamen. Bedienstete der Stadt und die Medien begannen die Leute, die noch blieben, als gewöhnliche wohnungslose Menschen oder als Wanderarbeit*erinnen darzustellen, die es »nicht würdig waren«, dass man ihnen half, statt als Mitmenschen, die das Feuer überlebt hatten. Dass die Menschen danach hierarchisiert werden, ob sie der Hilfe wert bzw. würdig sind oder nicht, ist fester Bestandteil der Anspruchskriterien der FEMA. Sie schließen Menschen aus, die keine Adresse vor dem Unglück nachweisen können, wie zum Beispiel wohnungslose Menschen und Menschen, die in armen Gegenden leben, wo einzelne Wohnungen manchmal gar keine eigene Anschrift haben.

Die Unterscheidung zwischen würdigen und unwürdigen Überlebenden beruht auf der Vorstellung, das Miet*erinnen und Wohnungbesitz*erinnen, die plötzlich ihr Zuhause verloren haben, Opfer sind, mit denen wir mitfühlen sollten. Menschen hingegen, die schon durch die ganz gewöhnlichen Katastrophen des Kapitalismus wohnungslos waren – und die deswegen nach einem Unglück wie einem Sturm oder einem Feuer ganz besonders verletzlich sind –,

sind selbst schuld und haben es nicht verdient, unterstützt zu werden. Sie sind es nicht wert. Wie ich oben schon argumentiert habe, sind staatliche und Non-Profit-Krisenpläne und Sozialleistungen meist darauf ausgelegt, die bestehende Verteilung des Wohlstands aufrechtzuerhalten, nicht darauf, sie zu verändern. Insofern ergibt es Sinn, dass sie für die ärmsten Menschen wenig bis gar nichts vorsehen.

Nach Katastrophen wie den Hurrikans Sandy und Katrina bot der Staat Hausbesitz*erinnen und Geschäftsinhab*erinnen Darlehen an und für Miet*erinnen gab es kleinere Kredite, um persönliches Eigentum wiederzubeschaffen. Doch nur die, die als »kreditwürdig« eingestuft wurden, hatten Anspruch auf diese Gelder. Trotzdem sahen viele von denen, die Anspruch hatten, nie auch nur einen Cent. Menschen, die Krisen durchleben, ist kaum geholfen, wenn sie mehr Schulden anhäufen – ihre Schulden schaffen nur Profite für die Banken, die Zinsen einstreichen. Zu Beginn des COVID-19-Ausbruchs in den USA stellte die Regierung Darlehen für Betriebe bereit, deren Umsätze einbrachen. Fast sofort gab es Berichte darüber, dass riesige Unternehmen wie Shake Shack und Potbelly Millionen erhielten, während kleine PoC-geführte Betriebe das wenigste Geld bekamen. Diejenigen Angestellten mit den prekärsten Jobs hatten keinen Anspruch mehr auf Arbeitslosengeld und sie bekamen keine Coronahilfszahlungen, die ja vermeintlich dafür gedacht waren, sie zu entlasten. Menschen ohne Aufenthaltsgenehmigung kamen für Hilfsleistungen nicht infrage. Staatliche Katastrophenhilfe und Unterstützung für arme Menschen sind darauf ausgelegt, Ungleichheiten aufrechtzuerhalten und zu verschlimmern. Narrative über Würdigkeit (welche Personen sind wertvolle Mitmenschen?) dienen dazu, das zu rechtfertigen.

Obwohl solidarische Fürsorge-Projekte oft aus einem Bewusstsein entwickelt werden, dass solche Hilfsprogramme »unwürdige« oder »nicht infrage kommende« Menschen ausschließen, erschaffen unsere Gruppen manchmal eigene problematische Hierarchien des Würdigseins. Manche Projekte reproduzieren zum Beispiel moralisierende Rahmenbedingungen dafür, welche Person für Unterstützung infrage kommt, indem sie verlangen, dass Menschen keine Rauschmittel konsumieren, indem sie Menschen mit bestimmten Vorstrafen ausschließen, indem sie sich nur an Familien mit Kindern wenden oder indem sie Menschen mit psychischen BeHinderungen stigmatisieren und ausschließen, die sich nicht entsprechend der Normen verhalten.

In seinem Buch *Gay, Inc.: The Nonprofitization of Queer Politics*, erzählt Myrl Beam die Geschichte einer Gruppe aus Minneapolis. Sie wurde von queeren und trans* Jugendlichen gegründet, um ihre Community zu unterstützen. Als die Gruppe formeller wurde und öffentliche Finanzierung erhielt, wich sie von ihrem ursprünglichen Zweck und von ihrem Grundsatz ab, von Jugendlichen geleitet zu werden. Erwachsene übernahmen das Ruder. Die Gruppe begann mit der örtlichen Polizei zusammenzuarbeiten, indem sie überprüfte, ob gegen Jugendliche, die in ihrem Treff vorbeikamen, Haftbefehle vorlagen. Das führte dazu, dass kriminalisierte Jugendliche dort ausgeschlossen wurden – überproportional häufig Jugendliche of Color – und dass dort Menschen gefährdet wurden, die nach Hilfe suchten. So wurde eine Gruppe, die solidarisch füreinander sorgen wollte, letztlich eine Erweiterung der Polizei. Wenn unsere Projekte stigmatisiertere Menschen ausschließen, reproduzieren wir das Wohltätigkeitsmodell.

Das Wohltätigkeitsmodell verknüpft häufig Unterstützung mit Kriminalisierung, und entscheidet so, welchen Menschen geholfen wird und welche weggesperrt werden. Das sehen wir zum Beispiel in diesem Bericht von einer Person, die bei MADR mitmacht:

> Nach Hurrikan Irma gab ein örtlicher Sheriff bekannt: »Wenn ihr bei einer Irma-Notunterkunft auftaucht und ein Haftbefehl gegen euch vorliegt, dann geben wir euch gern Geleit zur sicheren Notunterkunft namens Polk-County-Gefängnis.« Solche Maßnahmen [...] setzen Hilfe als Waffe gegen die verletzlichsten Menschen ein und bringen viele Menschenleben in Gefahr. [...] Nach Katastrophen tauchen plötzlich überall erschreckend viele Schusswaffen auf. Ein dehydriertes Kind ohne Zugang zu Strom oder einer Klimaanlage in der brütenden Hitze von Florida, Texas oder Puerto Rico braucht Menschen, die Elektrolytlösung dabeihaben, keine Sturmgewehre.

Rett*erinnen und Paternalismus

Solidarische Fürsorge-Projekte müssen auch darauf achten, sich nicht wie Rett*erinnen aufzuführen oder selbstgefällig und paternalistisch zu werden. Bevölkerungsgruppen, die eine Krise durchmachen, werden häufig dargestellt, als müssten sie gerettet werden. Ihre vermeintlich überlegenen Rett*erinnen werden ermutigt, diesen Menschen und den Orten, an denen sie leben, eine Rundumerneuerung zu verpassen: durchdachtere, profitablere und moralischere Lebensweisen sollen die alten, angeblich schlecht funktionierenden Lebensweisen ersetzen. So taten sich nach Hurrikan Katrina Politik*erinnen, Non-Profits, prominente Wohltät*erinnen und Unternehmen zusammen, um die Stadt New Orleans mitsamt ihrer Bewohn*erinnen zu erneuern. Im Zuge ihrer verheerenden »Innovationen« schafften sie den sozialen Wohnungsbau ab, vertrieben Schwarze Einwohn*erinnen dauerhaft, privatisierten Schulen und zerstörten die öffentliche Gesundheitsinfrastruktur. Nach Stürmen, Überschwemmungen und Bränden dreht sich der Wiederaufbau oft um die Pläne und Träume der Eliten, und zwar auf eine Weise, die den Bevölkerungsgruppen, die am meisten verloren haben, echten Schaden zufügt.

Paternalistische Haltungen zeigen sich auch, wenn Wohltätigkeits- und Strafverfolgungsprogramme kriminalisierte Menschen und Menschen, die Sozialleistungen benötigen, dazu zwingen, Elternkurse, Haushaltskurse und Seminare zur Aggressionsbewältigung zu belegen. Als obliege es den Unterstützenden, die Menschen, die Unterstützung brauchen, zu »reparieren«. Diese Vorstellung beruht auf der Ansicht, dass die Armut und die soziale Ausgrenzung der Menschen keine systemischen Probleme sind, sondern von ihren eigenen persönlichen Unzulänglichkeiten ausgelöst werden. Diese Haltung impliziert außerdem, dass diejenigen, die unterstützen, denjenigen, die sie unterstützen, überlegen sind.

Solidarische Projekte und die Menschen, die bei ihnen mitmachen, müssen solchen Rett*erinnen-Narrativen aktiv widerstehen. Diese Vorstellungen sind so weit verbreitet und so tief verwurzelt, dass sogar diejenigen, die Verletzlichkeit als systemisches Problem verstehen, manchmal auf sie hereinfallen. Den meisten Projekten tut es gut, wenn die Teilnehm*erinnen sich ausdrücklich und konsequent bemühen, ein gemeinsames Verständnis davon zu erarbeiten, wie schädlich es ist, sich als Rett*erinnen aufzuführen, und wie wichtig, dass die Menschen, die Krisen durchleben, über sich selbst bestimmen.

Vereinnahmt werden

Seit Jahrzehnten verbinden Politik*erinnen Angriffe auf öffentliche Infrastruktur und öffentliche Dienste damit, dass sie sich für Privatisierung und Ehrenamtsarbeit aussprechen. Öffentliche Dienste werden zusammengestrichen und Politik*erinnen drängen darauf, dass sowieso schon unzureichende soziale Netze durch die Familie und die Gemeinde ersetzt werden. Dabei schwingt der Gedanke mit, dass diejenigen, die weder das eine noch das andere haben, es auch nicht besser verdient haben, als zurückgelassen zu werden. Staatliche Sozialleistungen werden zusammengestrichen und öffentlich-private Kooperationen gefeiert, denn vom Krankenhaus über Gefängnisse bis hin zur Stadtverwaltung sollte am besten alles »nach den Regeln der Marktwirtschaft« ablaufen. Das Märchen, das uns immer wieder erzählt wird, lautet, dass solche markwirtschaftlichen Geschäftsmodelle »effizienter« sind. Die Wahrheit aber ist diese: Wenn wie beim us-amerikanischen Gesundheitssystem alles auf Profit getrimmt ist, verschlechtert sich die Versorgung der Menschen, weil Betriebe um jeden Preis auf kurzfristige Gewinne abzielen.

In den letzten Jahrzehnten hat sich außerdem ein kulturelles Narrativ um Unternehm*erinnen für soziale Gerechtigkeit, sogenannte Social Justice Entrepreneurship, entwickelt. Dieses legt nahe, dass die Leute nicht für Gerechtigkeit kämpfen, sondern lieber neue Methoden erfinden (und patentieren lassen) sollten, um arme Menschen und soziale Probleme zu managen. Ein in den Medien gehyptes Beispiel für solche Sozialunternehmen sind Smartphone-Apps wie zum Beispiel Samaritan. Über diese Apps können Nutz*e-rinnen Geld an wohnungslose Menschen spenden, wobei eingeschränkt ist, wofür diese das Geld dann ausgeben können. Diese Apps konzentrieren sich weit mehr darauf, wie Nutz*erinnen das Spenden erleben, als auf die Menschen, die Unterstützung brauchen. Sie sind darauf ausgelegt, dass sich die spendende Person wohler fühlt im Wissen, dass ihre Spende nur bei teilnehmenden Geschäften vor Ort genutzt werden kann, oder wenn die Betreuung der wohnungslosen Person sie zweckgebunden freigibt, beispielsweise für die Miete. Das ist typisch für solche »Innovationen«, die von Sozialunternehmen so gefeiert werden. Sie machen sich die zentralen herablassenden Vorstellungen des Wohltätigkeitsmodells zu eigen, konzentrieren ihre Hilfe darauf, dass sich die Spend*erinnen »wohlfühlen«, und haben keine Verbindung zu der Arbeit, die wirklich an den Grundursachen des Problems ansetzt. Tatsächlich werden sie von genau der Tech-Industrie entwickelt, die die Städte gentrifiziert und so den Wohnraum verknappt hat.

In dieser Atmosphäre haben solidarische Fürsorge-Projekte schwer daran zu arbeiten, weiterhin dem Status quo entgegenzustehen und Widerstand zu kultivieren, statt der Privatisierung zuzuspielen. Nach Hurrikan Harvey im Jahr 2017 berichteten private Medien von Bootbesitz*erinnen, die freiwillig Rettungseinsätze fuhren, und folgten dabei genau diesem Skript. Weder kritisierten sie, dass die Regierung daran scheiterte, Menschen zu retten, noch fragten sie nach den

Gründen für die schlimmer werdenden Hurrikans oder danach, welche Menschen am meisten durch sie gefährdet werden. Die Medienberichte über einzelne Hel*dinnen übertünchten so die sozialen und politischen Bedingungen, die diese Krise überhaupt erst hervorriefen. Politik*erinnen und CEOs, die von einer Welt träumen, in der nichts garantiert ist und in der die meisten Menschen verzweifelt und leicht auszubeuten sind, finden die Vorstellung großartig, dass ehrenamtliche Arbeit das staatliche Sozialnetz ersetzt. Wenn wir unsere Projekte nicht mit Sorgfalt gestalten, können wir ganz wunderbar in diesen konservativen Traum passen. Dann halten wir mit letzter Kraft geradeso die Fetzen einer Welt zusammen, in der wir überleben können, während die Reichsten der Reichen sich mehr und mehr nehmen und dabei einzelne Freiwillige als Hel*dinnen besingen.

Der Kampf, sich dieser Art der Vereinnahmung zu widersetzen, zeigt sich beispielsweise in der Arbeit von Soli-Projekten, die kriminalisierte Menschen unterstützen. Es gibt Projekte, die einige festgenommene Menschen der Strafverfolgung entziehen, damit ihnen in sozialen Einrichtungen oder in der Suchtbehandlung geholfen wird. Andere Projekte bieten als Alternative zum Strafprozess eine Mediation an zwischen den Menschen, die Schaden zugefügt haben, und den Menschen, denen sie geschadet haben. Die Arbeit solcher Projekte kann Menschen die Untersuchungshaft oder das Gefängnis ersparen. Doch solche Projekte können auch zum langen Arm des Gefängnissystems werden, wenn sie sich professionalisieren und von der Polizei und Gerichten finanziert und geformt werden. Beispielsweise wurde in Seattle sieben Jahre lang gegen den Bau eines neuen Jugendgefängnisses gekämpft. In dieser Zeit haben Bedienstete der Regierung unnachgiebig auf die kleinen, hauptsächlich PoC-organisierten und somit von öffentlicher Seite unterfinanzierten Programme verwiesen, die sich dafür einsetzen, dass es nicht zu Jugendstrafprozessen kommt. Sie nutzten die Programme als Vorwand, dass sich die Kreisverwaltung schon mit Bedenken zur Jugendinhaftierung befasst habe, wie die fortschrittliche Arbeit mit Part*nerinnen in der Community ja zeige. Sie gingen so weit damit, die Position der Geg*nerinnen des Jugendgefängnisses zu vereinnahmen, dass sie in der neuen Rechtsvorschrift behaupteten, die Stadt und der Kreis seien bestrebt »keine Haft für Jugendliche« zu erreichen. Und gleichzeitig baute die Kreisverwaltung ein Jugendgefängnis für Hunderte Millionen Dollar. Diese Geschichte einer lokalen Regierung, die die Botschaft der radikalen Opposition für sich vereinnahmte und Graswurzel-Projekte, die von der Community gestartet wurden, vorschob, um die Expansion einer rassistischen Infrastruktur zu legitimieren, ist einfach ernüchternd. Sie zeigt deutlich das schwierige Terrain der Vereinnahmung, durch das Soli-Projekte navigieren müssen.

Vielleicht scheint es manchmal, als entspräche die Arbeit solidarischer Projekte dem, was Privatisierung und das Ehrenamtssystem erreichen wollen. Schließlich kritisieren sie alle bestimmte Sozialleistungsmodelle und meinen, dass es freiwilliges Engagement in der Fürsorge- und Krisenarbeit braucht. Doch die Kritik, die solidarische Projekte an staatlichen Sozialnetzen üben, ist nicht dieselbe wie die neoliberaler Politik*erinnen und Unternehmen, die unablässig für das Ehrenamt werben. Unsere Projekte entstehen, weil öffentliche Dienste ausgrenzend und unzureichend sind, weil sie bestrafen und kriminalisieren. Neoliberale haben es aber auf öffentliche Dienste abgesehen, um den Wohlstand noch stärker auf sich selbst zu konzentrieren, und dabei materielle Ungleichheit und Gewalt zu verschärfen. Als Teil größerer Bewegungen, die daran arbeiten, Systeme zu zersetzen, die den Wohlstand in den Händen einiger Weniger konzentrieren, wollen unsere Projekte Fürsorge und Wohlergehen radikal umverteilen.

Der Unterschied zwischen neoliberalen Projekten und solidarischer Fürsorge lässt sich gut darstellen, indem wir die Privatisierung der Feuerwehr mit der Arbeit der Oakland Power Projects (OPP) vergleichen, die eine Alternative für den staatlichen Notruf aufbauen will. Öffentliche Feuerwehren in den USA sind zunehmend unzureichend ausgestattet. Sie stehen sogar vor weiteren finanziellen Einschnitten, und das obwohl wegen des Klimawandels immer häufiger verheerende Feuer wüten. Das Geschäft privater Feuerwehren boomt währenddessen dank reicher Hausbesitz*erinnen. Diese bezahlen dafür, dass genau ihre Häuser vor Feuern geschützt werden, dass Brandschutzmittel auf den Grundstücken versprüht wird und dass sie im Brandfall in 5-Sterne-Hotels untergebracht werden. Gleichzeitig müssen weniger wohlhabende Menschen zusehen, wie ihr Zuhause niederbrennt, sich in Notunterkünften quälen und sich mit der Katastrophenschutzbehörde um grundlegende Leistungen streiten. Menschen, die aus Bränden Profite ziehen wollen, zielen darauf, dass nur diejenigen, die dafür bezahlen, Hilfe oder Schutz im Brandfall bekommen. Das bedeutet, dass Feuer tödlicher werden, die Reichen reicher und die Armen ärmer.

Ganz anders das OPP, das sich aus einer wichtigen Beobachtung der Antipolizei- und Antigefängnis-Bewegungen entwickelt hat. Wenn nämlich Menschen wegen eines medizinischen Notfalls den Notruf wählen, kommt häufig auch die Polizei hinzu und verletzt oder tötet sogar manchmal diejenigen, die eigentlich nach Hilfe gerufen hatten. Als Reaktion darauf bildet das OPP in Communitys, die von Polizeigewalt betroffen sind, Menschen darin aus, notfallmedizinisch Schusswaffenverletzungen, chronische Gesundheitsprobleme wie Diabetes und psychische Krisen zu behandeln. Wenn die Menschen sich umeinander kümmern können, brauchen sie den Notruf nicht zu wählen und geraten nicht in eine Konfrontation mit der Polizei. Diese Strategie ist Teil der umfassenderen Bemühungen, dem ständigen Kontrollieren, Überwachen und Kriminalisieren ein Ende zu setzen. Einerseits erfüllt sie unmittelbare Bedürfnisse der Menschen. Andererseits mobilisiert sie Menschen, alternative Infrastrukturen für Krisen aufzubauen, Infrastrukturen, die von Menschen getragen werden, die sich gemeinsam gegen rassistische Polizeigewalt und medizinische Vernachlässigung engagieren. Obwohl also das OPP und private Feuerwehren beide eine Alternative zu unzureichenden öffentlichen Diensten bieten, ist wichtig festzuhalten, dass sie ganz und gar nicht dasselbe sind: Anstatt Profite zu machen und nur denen zu dienen, die bezahlen können, schafft das Programm des OPP neue Strukturen, die es denen ganz unten ermöglichen, für ihre überlebenswichtigen Bedürfnisse zusammenzuarbeiten, während sie rassistische Infrastrukturen niederreißen.

Viele wichtige Lektionen darüber, wie es ist, vereinnahmt zu werden, kamen aus der feministischen Bewegung gegen häusliche Gewalt. Die Bewegung begann mit solidarischen Fürsorge-Projekten wie freiwilligengeführten Unterkünften für Überlebende von Gewalt und Rechtsschutz-Kampagnen für Frauen, die dafür kriminalisiert wurden, den Menschen getötet zu haben, der sie misshandelt oder angegriffen hatte. Leider begann die Bewegung gegen häusliche Gewalt zu einer Zeit, in der in den USA besonders intensiv begonnen wurde, Menschen zu kriminalisieren. Die Massenaufstände der 1960er und 1970er stürzte die öffentliche und polizeiliche Kontrolle und Überwachung in eine schwere Legitimierungskrise, da Schwarze Befreiungsbewegungen und antirassistische, feministische, queere und Indigene Bewegungen in ihren Protesten Polizeigewalt anprangerten und bloßstellten. Die us-amerikanischen Strafverfolgungsbehörden reagierten darauf, indem sie viel Arbeit in ihr Image investierten: Sie stellten Poli*zistinnen of Color ein, sie schafften neue Rollen für die Polizei an Schulen durch Initiativen wie das Drogenpräventionsprogramm D.A.R.E. (Drug Abuse Resistance Education), und sie starteten Programme und Kampagnen, die Poli*zistinnen als Beschütz*erinnen von Frauen und Kindern darstellten. Zu diesem Zweck suchten die Behörden den Schulterschluss mit der aufkommenden Bewegung gegen häusliche Gewalt. Sie unterstützten Gesetze, die die Strafen für genderspezifische Gewalt verschärften, und finanzierten Gruppen, die willens waren, mit der Polizei zu kooperieren.

Das veränderte die Bewegung dramatisch. Der Fokus wandelte sich von freiwilligen Graswurzel-Projekten hin zu größeren Non-Profits, die häufig von *weißen* Menschen mit höheren akademischen Abschlüssen geführt wurden. Diese Gruppen passten sich zunehmend einer polizeifreundlichen Message an und traten für mehr Kriminalisierung ein, während sie die Methoden des Wohltätigkeitsmodells übernahmen und die Menschen, die eigentlich Hilfe brauchten, bestraften oder gängelten. Durch diesen Wandel wurden Communitys of Color stärker kriminalisiert und die Hilfsangebote wurden weniger zugänglich für die verletzlichsten Überlebenden von Gewalt, während die Polizei, die Staatsanwaltschaft und die Gerichte ein positives Image erlangten.

Tatsächlich haben diese vereinnahmenden Methoden genderspezifische Gewalt überhaupt nicht verringert. Studien haben gezeigt, dass die kriminalisierenden Polizeireformen, die in dieser Zeit populär wurden – wie Gesetze, die Poli*zistinnen verpflichten eine Person festzunehmen, wenn sie wegen häuslicher Gewalt gerufen werden – dazu geführt haben, dass die Überlebenden von Misshandlungen festgenommen wurden, insbesondere wenn sie queer, trans* oder PoC waren oder eine BeHinderung hatten. All das legt ernüchternd Zeugnis davon ab, wie es unsere Bemühungen untergraben kann, überlebensnotwendige Bedürfnisse zu erfüllen, wenn unsere Gruppen vereinnahmt werden. Und es zeigt, wie wir dazu gebracht werden können, genau die Systeme, die uns schaden, zu unterstützen und zu legitimieren.

Gleichzeitig entstand durch solche Ereignisse ein lebhafter Widerstand, der uns viel darüber beibringen kann, solidarisch füreinander zu sorgen, ohne sich vereinnahmen zu lassen. Frauen of Color, Fem*inistinnen der Arbeit*erinnen-Schicht, eingewanderte Fem*inistinnen, und Fem*inistinnen mit BeHinderung haben sich kraftvoll gegen diesen Wandel hin zur Kriminalisierung gewehrt. Sie haben solidarische Projekte geschaffen, die sich dem Leid und der Gewalt stellen, und sich dabei weigern mit der Polizei zu kollaborieren.

Diese Arbeit wird oft »Community Accountability«, also Gemeinschaftsverantwortung, oder »transformative Gerechtigkeit« genannt. Dazu gehören viele innovative Strategien, die in Gruppen entwickelt wurden, die solidarisch füreinander sorgen. Das Projekt Creative Interventions hat aufbauend auf jahrelanger Erfahrung einen sechshundertseitigen Guide verfasst, wie wir sexualisierter Gewalt und Gewalt in der Familie begegnen können, indem wir Unterstützung und Strategien zum Problemlösen aus der Community nutzen. GenerationFIVE und das Bay Area Transformative Justice Collective haben Methoden entworfen, die sexueller Misshandlung von Kindern ein Ende setzen wollen, indem sie an den Grundursachen ansetzen, anstatt die wenigen Menschen zu kriminalisieren, die erwischt werden. Hunderte örtliche Gruppen wie Philly Stands Up und For Crying Out Loud haben Prozesse entwickelt, Überlebende von Gewalt zu unterstützen und denjenigen, die Schaden zufügen, entgegenzutreten, um so gemeinsam herauszuarbeiten, was sie brauchen, um nie wieder solches Leid zu verursachen. Diese Prozesse dauern manchmal einige Jahre. Während dieser Zeit helfen Menschen aus der Community denen, die Schaden zugefügt haben, ihren Rauschmittelkonsum im Griff zu behalten. Sie unterstützen sie mit ihrer psychischen Gesundheit und ihrem Wohnraum. Sie helfen ihnen, ihr Verhalten und ihre Auffassungen von Gender und Sexualität besser zu verstehen. Und sie tun all das, was sonst so nötig ist, um ihr gewaltvolles Verhalten zu beenden.

Diese Art von Arbeit zielt darauf ab, genau das zu tun, woran die Methoden der Strafverfolgung scheitern. Sie unterstützt die überlebende Person beim Heilen. Sie gibt der Person, die Leid zugefügt hat, das, was sie braucht, um ihr Verhalten zu ändern. Und sie prüft, wie die Normen einer Community sich wandeln können, um solches Leid insgesamt weniger wahrscheinlich zu machen; zum Beispiel indem Beziehungstraining angeboten wird, indem sich einer Kultur des Fehlgebrauchs von Drogen angenommen wird, und indem daran gearbeitet wird, wie in der Community über Sexualität und Gender gedacht wird. Das Safe OUTside the System Collective, das zum Audre Lorde Project in New York City gehört, hat verschiedene Methoden genutzt, um Gewalt gegen queere und trans* Personen of Color zu begegnen, also auch Polizeigewalt. Eine Strategie, die es entwickelt hat, war es, in einer Gegend Brooklyns, in der es oft zu Gewalt kam, Beziehungen zu dort arbeitenden Menschen aufzubauen. Die Mitglieder des Kollektivs baten Kassier*erinnen in Eckläden, Bedienungen in Restaurants und andere Arbeit*erinnen um ihre Mithilfe: Wenn in der Umgebung irgendetwas vorfiel, und Menschen bei ihnen im Laden nach Hilfe suchten, sollten sie einen sicheren Ort vorfinden können, wo nicht die Polizei gerufen wird. Diese langfristige communityweite Beziehungsarbeit verstärkte die Bereitschaft der Leute, bedürftigen Menschen zu helfen und Situationen zu deeskalieren. Und das machte die Gegend sicherer.

Es gibt Projekte für transformative Gerechtigkeit, die sich auf Prävention konzentrieren, und es gibt Projekte, die sich darauf konzentrieren, bereits Geschehenes aufzuarbeiten. Beide Projektarten wenden Methoden der solidarischen Fürsorge an, denn sie befassen sich mit unmittelbar überlebenswichtigen Bedürfnissen. Das tun sie in dem Bewusstsein, dass die Systeme, die eigentlich Sicherheit garantieren sollen – die Polizei, die Staatanwaltschaft und die Gerichte –, genau das nicht tun und die Dinge stattdessen schlimmer machen. Sie arbeiten an einer neuen Welt, in der Menschen sicher leben können, weil sie sich um ihre Communitys kümmern, und weil sie einander dabei unterstützen, schadenbringendes Verhalten dadurch zu beenden, dass die Leute sich miteinander verbunden fühlen, anstatt Menschen wegzusperren.

Von diesen feministischen Aktiv*istinnen und Gruppen, die sich politisch gegen die Polizei und gegen Gewalt stellten, stammen viele der Analysen, die diesem Buch zugrunde liegen. Sie haben aufgezeigt, wie das Arbeiten gegen Gewalt durch das Non-Profit-System und durch den Druck der Geldgeb*erinnen dazu getrieben wurde, die Menschen zu kriminalisieren; wie solidarische Ansätze untergraben wurden, wenn Schutzräume und Hotlines gegen genderspezifische Gewalt zunehmend wie konventionelle Sozialeinrichtungen betrieben wurden; und wie das Vereinnahmen von Arbeit gegen Gewalt die Solidarität untergrub und so die Communitys, auf die die Polizei am meisten abzielte, umso mehr gefährdete. Das Wissen und die Erfahrung dieser Aktiv*istinnen und Gruppen zeigen uns, wie wir selbst erfolgreiche Gruppen und Bewegungen aufbauen und uns dagegen wehren können, vereinnahmt zu werden.

Was macht solidarische Fürsorge anders als Wohltätigkeit?

Solidarische Fürsorge-Projekte unterscheiden sich auf verschiedene Weisen deutlich vom Wohltätigkeitsmodell. Die meisten solidarischen Projekte bauen auf die Arbeit von Freiwilligen und meiden den Karrierismus, die betriebswirtschaftlichen Ansätze und das Wohltätigkeitsdenken von Non-Profits. Soli-Projekte wollen viele Menschen miteinbeziehen, nicht nur ein paar wenige, die zu »Ex*pertinnen« oder »Fachleuten« ernannt wurden. Wir wollen so vielen Menschen wie möglich überlebenswichtige Unterstützung bieten und so viele Menschen wie möglich dafür mobilisieren, Grundlegendes zu verändern. Das bedeutet, dass wir viele Menschen mitarbeiten lassen und dass sie alle über das gemeinsame Arbeiten entscheiden dürfen, anstatt den Prozess mit Hierarchien so sehr zu verengen, dass doch nur wenige Leute das Sagen haben.

Trotz dieser wichtigen Ziele müssen wir ständig wachsam bleiben, um die hier diskutierten Gefahren zu meiden – also vereinnahmt zu werden, Hierarchien des Würdigseins zu schaffen, eine Rett*erinnen-Haltung einzunehmen, zu vergessen, für welche Menschen wir eigentlich arbeiten. Das letzte halbe Jahrhundert in der Geschichte sozialer Bewegungen ist leider voller Beispiele von Soli-Gruppen, die das nicht geschafft haben. Es sind Projekte, die unter kulturellem Druck oder auf das Drängen durch Strafverfolg*erinnen und Geldgeb*erinnen hin in Wohltätigkeitsgruppen oder Sozialeinrichtungen verwandelt wurden, und so einen Großteil ihres transformativen Potenzials einbüßten. Es gibt aber einige Leitfragen, an die sich Soli-Gruppen halten können, wenn ihnen daran liegt, diese Gefahren und Fallstricke zu meiden.

- Welche Menschen kontrollieren unser Projekt?
- Welche Menschen entscheiden darüber, was wir tun?
- Ist unsere Finanzierung irgendwie daran geknüpft, dass wir einschränken, welchen Menschen wir helfen oder wie wir ihnen helfen?
- Schließen unsere Richtlinien darüber, welche Menschen mitarbeiten können, stigmatisierte oder verletzliche Menschen aus?
- Wie ist unsere Beziehung zu Strafverfolgungsbehörden?

- Wie erklären wir neuen Leuten in unserer Gruppe unsere Haltung zu diesen Behörden?

Zwar gibt es nicht das eine korrekte Modell, wie solidarische Gruppen arbeiten sollen. Aber sich bewusst zu sein, dass es grundlegende Strukturen gibt, in denen sich solidarische Fürsorge von anderen Projektarten unterscheidet, kann Gruppen helfen, sich umsichtig zu entscheiden, und ihre Integrität und Effektivität zu bewahren. Um uns zu helfen, die Orientierung zu behalten, wenn die Dinge komplizierter werden, stellt die folgende Tabelle Eigenschaften von solidarischen Gruppen denen von Wohltätigkeitsgruppen gegenüber. Sie kann helfen, in die Diskussion über gemeinsame Werte einzusteigen. Und sie kann dabei unterstützen herauszufinden, wo die Teilnehm*erinnen übereinstimmen und wo nicht, oder an welchen Stellen es den Wunsch gibt, sich tiefgehender damit auseinanderzusetzen.

Werkzeug 1. Eigenschaften von solidarischer Fürsorge vs. Wohltätigkeit

SOLIDARISCH FÜREINANDER SORGEN	WOHLTÄTIGKEIT
De-professionalisierte Überlebensarbeit von Freiwilligen	Dienstleistungen von Fachleuten
Material von überallher zusammenkratzen	Fördermittel für Material / Philanthropische Kontrolle über das Programm
Sich verbünden, um sich zu wehren, wenn die Regierung die Aktivitäten regulieren oder unterbinden will	Vorgaben der Regierung, wie gearbeitet werden muss, werden befolgt (was üblicherweise mehr Geld kostet und zu Bedarf an Fördermitteln und bezahltem Fachpersonal führt)
Überlebensarbeit, die in den Prinzipien des Antikapitalismus, Antiimperialismus wurzelt, die für Gerechtigkeit für alle Menschen kämpft, unabhängig von Rassifizierung, Gender und BeHinderung	Einzelthemenarbeit, die einer bestimmten Bevölkerungsgruppe dient oder sich einem abgegrenzten Bereich der politischen Reform widmet, losgelöst von anderen Themen
Offene Plena mit so vielen Menschen wie möglich, die gemeinsam entscheiden und arbeiten	Geschlossene Meetings des Vorstands; Steuerung durch Fachleute oder Menschen, die mit großen Institutionen oder Geldgeb*erinnen assoziiert sind; Freiwillige frankieren nur die Post oder machen andere untergeordnete Dienste, sind nicht Teil des Entscheidens auf hoher Ebene
Die Menschen unterstützen, die es am schwersten haben	Anspruchskriterien für Dienste einführen, die die Menschen in »würdige« und »unwürdige« Empfäng*erinnen einteilt

SOLIDARISCH FÜREINANDER SORGEN	WOHLTÄTIGKEIT
Freigiebig sein, ohne etwas im Gegenzug zu erwarten	Hilfe an Bedingungen knüpfen – Empfäng*erinnen müssen lästigen Papierkram bewältigen, enthaltsam sein, einen bestimmten Familien- oder Einwanderungsstatus haben, ohne Haftbefehl und bestimmte Verurteilungen sein, usw.
Menschen beteiligen sich freiwillig, weil sie sich mit Leidenschaft gegen das Unrecht wenden und für ihre Community sorgen wollen	Menschen suchen nach einem Job, wollen in der Hierarchie nach oben, Karriere machen, oder »wichtig« werden
Bemühungen, die Hierarchien flachzuhalten – z. B. gleiche Bezahlung, falls Menschen bezahlt werden; neue Mitglieder ausbilden, um Arbeit zu tun, für die sie keine formale Ausbildung haben; rotierende Plenumsmoderation; leicht verständliche Sprache	Bezahlung, Status, Entscheidungsmacht und Einfluss halten Hierarchien entsprechend der Mainstreamkultur aufrecht (z. B. sind An*wältinnen wertvoller und wichtiger als Nicht-An*wältinnen)
Für die Selbstbestimmung der Menschen einstehen, die Leidtragende oder Ziel von schädlichen sozialen Bedingungen sind	Sich mit »Hilfe« an die »Unterprivilegierten« wenden ohne ein Bewusstsein oder eine Strategie, wie die Bedingungen verändert werden können, die Unrecht produzieren; begrüßt Paternalismus, Rettungsfantasien und eine Rett*erinnen-Haltung
Entscheiden nach dem Konsensprinzip: Damit so viele wie möglich partizipieren; damit die Menschen, um die es bei Entscheidungen geht, auch diejenigen sind, die entscheiden; um zu vermeiden, dass unterrepräsentierte Gruppen überstimmt werden; und um zu erlernen, sich um die Bedenken und die Partizipation anderer zu sorgen, statt darum, zu gewinnen oder Recht zu haben.	Die Person ganz oben (häufig die geschäftsführende Person) entscheidet über Dinge; in manchen Fällen stimmt der Vorstand ab und die Mehrheit gewinnt.

SOLIDARISCH FÜREINANDER SORGEN	WOHLTÄTIGKEIT
Direkte Hilfsarbeit mit anderen Taktiken verbinden, z. B. Störaktionen, die auf die Grundursachen von Notlagen abzielen	Direkte Hilfsarbeit ist losgelöst von anderen Taktiken, entpolitisiert und nimmt Abstand von Störaktionen oder Taktiken, die auf die Grundursachen abzielen, um von Regierung und Geldgeb*erinnen als legitim wahrgenommen zu werden.
Tendenz die Arbeit danach zu beurteilen, wie die Menschen sie empfinden, für die sie getan wird	Tendenz die Arbeit danach zu beurteilen, wie Eliten sie sehen: Menschen mit politischen Ämtern, Büro*kratinnen, Geldgeb*erinnen, private Medien
»Teilnehm*erinnen« = Menschen, die entscheiden, also üblicherweise alle, die an der Arbeit mitwirken und/oder denen von der Gruppe geholfen wird	»Teilnehm*erinnen« = Geldgeb*erinnen
Sich in der Gruppe zu engagieren schafft breitere politische Partizipation, Solidarität, Mobilisierung, Radikalisierung	Sich in der Gruppe zu engagieren zielt nicht darauf ab, die Verbundenheit der Teilnehm*erinnen mit anderen Themen, Gruppen oder Gerechtigkeitskämpfen zu stärken; Hauptfokus ist, Vertragsleistungen im Sinne der Finanzierung zu erbringen und die Organisation bei Geldgeb*erinnen, den Medien und Staatsbediensteten in ein gutes Licht zu rücken

5

No Masters, No Flakes

Wenn wir uns an die Soli-Arbeit machen, tun wir das oft mit dem Gefühl, dass wir keine Zeit zu verlieren haben. Das kann allerdings den Nachtteil haben, dass wir uns in die Arbeit stürzen, besorgt darum, wie vielen Menschen unser Projekt hilft, uns aber nicht darum kümmern, dass es innerhalb der Gruppe gut läuft, sodass sie stark und ausdauernd ist. Es ist auch gar nicht weiter verwunderlich, dass wir nicht gut darin sind, emanzipatorische Gruppenstrukturen zu schaffen. Die meisten von uns waren nie Teil von Gruppen mit fairen, partizipatorischen, transparenten Strukturen. Wir haben Jobs, in denen die Vorgesetzten uns sagen, was zu tun ist, oder wir sind in Schulen, Familien, staatlichen Einrichtungen oder Gemeinden, in denen straffe Hierarchien gelten und die meisten Leute kein Wort darüber mitzureden haben, wie die Dinge laufen sollen. Uns fehlt einfach die Übung mit Gruppendynamiken, in denen alle wirklich mitentscheiden können.

Außerdem sind wir es gewohnt, zu Gruppen zu gehören, die ganz gewöhnliche Fürsorgearbeit ignorieren. Ein Großteil dieser Arbeit gilt als Frauenarbeit, kochen, putzen, in Konflikten vermitteln. Es geht scheinbar nur um den finalen, öffentlichen Beweis dafür, dass gearbeitet wurde: die große Demo, das fertige Gesetz, dass ein Mensch aus der Haft entlassen wurde, die Medienberichte. Uns wurde nicht beigebracht, wahrzunehmen oder wertzuschätzen, wie die Dinge auf dem Weg zu einem Erfolg liefen: ob die Menschen bereit sind, sich der nächsten Herausforderung zu stellen, oder ob sie am Ende sind, ausgezehrt durch Burn-out oder schädliche Gruppendynamiken.

Dem Kapitalismus geht es um kurzfristige Gewinne, nicht darum, ein Umfeld zu schaffen, in dem auf lange Sicht für unser aller Wohlbefinden gesorgt ist. In einem solchen Kontext fällt es leicht, den Schaden einfach zu ignorieren, den wir einander unterwegs zufügen. »Der Prozess ist langweilig« – viele von uns denken so. Alle wollen ein Selfie mit der politischen Aktivistin und Philosophin Angela Davis bei der Demo, doch viele Menschen interessieren sich weniger für die langen Monate der Plena, in denen wir koordinieren, wie die Demo im Sinne unser Werte ablaufen kann, und wie wir all die organisatorischen Herausforderungen stemmen.

Aber wir *müssen* starke Strukturen für unsere Projekte aufbauen, wenn wir wollen, dass unsere Arbeit auf wirkungsvolle Weise Leben rettet und Menschen mobilisiert. Das ist schlicht unverzichtbar für jeden Kampf gegen das Unrecht. Wir müssen bewusst daran arbeiten, produktive, partizipatorische und transparente Entscheidungsstrukturen sowie eine Kultur der Fürsorge und des prinzipientreuen Handelns in unseren Gruppen aufzubauen. Denn genau das ist ausschlaggebend dafür, dass unsere Gruppen gedeihen und erfolgreich sind. Und wenn wir das gut umsetzen, kann es helfen Konflikten vorzubeugen, die ein Gruppe sonst auseinanderreißen könnte, die einen Keil zwischen Teilnehm*erinnen treiben, und die Menschen Reißaus nehmen lassen.

Gruppen sind effektiver und produktiver, wenn die Teilnehm*erinnen Folgendes wissen: Auf welchem Weg kann ich Bedenken äußern und Vorschläge machen? Wann und von welchen Menschen wurde sich für etwas entschieden? Wie wird diese Entscheidung in die Tat umgesetzt? Menschen, die mitentscheiden dürfen und ein Projekt auch als *ihr* Projekt empfinden, bleiben dabei und packen mit an. Menschen, die nicht wissen, ob ihre Meinung zählt oder wie sie mitentscheiden können, bleiben häufig irgendwann weg. Starke Strukturen helfen uns auch, neue Leute in die Gruppe einzuführen, sie einzuarbeiten, ihnen die nötigen Fertigkeiten beizubringen und ihnen Rollen zu geben, die ihnen gefallen.

Werkzeug 2. Ansätze, um Gruppen zu organisieren

KONVENTIONELLES VERFAHREN	GEFAHREN DES KONVENTIONELLEN ANSATZES	ALTERNATIVEN
Hierarchie	Macht wird missbraucht; einige Menschen werden verheizt und andere können sich nicht einbringen; die Menschen oben verhalten sich prinzipienlos, können von Aufmerksamkeit, Karrierechancen oder Geld gekauft werden	Horizontale, konsensbasierte Struktur fürs Entscheiden, die verhindert, dass das Entscheiden einer Person oder einer kleinen Gruppe vorbehalten ist, und die helfen kann Aufgaben und Rollen auf viele Leute zu verteilen
Unklarer Entscheidensprozess	Einzelne entscheiden, ohne mit anderen zu beraten; manchmal wird nicht rechtzeitig entschieden; Konflikte über Entscheidungen	Klare Prozesse, wie entschieden wird, die allen bekannt sind und die alle Teilnehm*erinnen einschließen
Führung durch Menschen, die am längsten dabei sind oder sich selbst ernannt haben	Neue Leute bleiben weg, weil sie die Gruppe nicht als ihre empfinden; *weiße* Menschen, männlich gelesene Menschen und andere privilegierte Menschen dominieren	Neuen Leuten neue Fertigkeiten und Rollen beibringen, ihnen zeigen, wie sie sich ins Entscheiden einbringen können; eine partizipative Gruppenkultur des Feminismus, des Antirassismus pflegen

Klare Strukturen helfen uns auch unter Druck bei unseren Werten zu bleiben – und wir haben ja schon viele der Gefahren betrachtet, denen Soli-Gruppen ausgesetzt sind. Wir wissen also, was auf dem Spiel steht. Gruppen mit unklaren Entscheidensprozessen passiert es viel eher, dass sich eine Führungsperson vom Geld oder vom Ansehen verführen lässt und die zentralen Werte der Gruppe für einen Job, für Finanzierung oder für einen Moment im Rampenlicht verrät. Unklarheit beim Entscheiden macht es für Gesetzeshüt*erinnen leichter, die Gruppe zu infiltrieren und zu zerstören. Und es passiert auch viel eher, dass Teilnehm*erinnen von der ganzen Orga-Arbeit ausgelaugt werden. Wie ich weiter unten diskutieren werde, entsteht Burn-out häufig durch Konflikte oder wenn das Entscheiden nicht delegiert und Aufgaben nicht verteilt werden. Eine klare Struktur kann helfen, Konflikte zu vermeiden oder Wege durch sie hindurch aufzuzeigen, und sie kann helfen sicherzustellen, dass die Menschen sich die Verantwortung teilen.

Dieses Kapitel beleuchtet drei Tendenzen in der Orga-Arbeit, die häufig in unseren Gruppen aufkommen und dort Probleme verursachen. Und es bietet Vorschläge, wie ihnen vorgebeugt werden kann.

Eins. Geheimnisse, Hierarchien und ein Mangel an Klarheit

Viele Gruppen, die es nicht schaffen, klare Prozesse für das Entscheiden und fürsorgliche, emanzipatorische Kulturen zu entwickeln, haben am Ende viele Teilnehm*erinnen, die nicht wissen, was passiert und wie das Entscheiden abläuft. In diesen Gruppen wird nur von einer Person oder Clique entschieden und es besteht das Risiko, dass die Gruppe wegen dieser Dynamiken durch Konflikte zerrissen wird.

Zwei. Zu viel versprechen, zu wenig abliefern, nicht für die Menschen da sein, sich Eliten anbiedern

Viele Gruppen halsen sich zu viel auf, versprechen mehr Menschen zu helfen, als sie können. Manche lassen es so aussehen, als hätten sie ein bestimmtes Bedürfnis der Community im Blick, obwohl sie gar nicht die Kapazitäten haben, sich darum zu kümmern. Diese Probleme scheinen sich zu verschärfen, wenn Gruppen für bestimmte Projekte eine Finanzierung erhalten – wenn also für Geld fälschlicherweise behauptet wird, etwas schaffen zu können, was nicht zu schaffen ist. Das passiert insbesondere dann, wenn die Gruppe nicht gemeinsam entscheidet und eine Person etwas verspricht, das alle betrifft, ohne vorher zu fragen, ob diese Arbeit Priorität hat oder überhaupt zu schaffen ist. So kann es auch geschehen, dass die Gruppe für Mitglieder der Community nicht da ist, besonders nicht für die, die Hilfe brauchen. Und manchmal geschieht es dann, dass die Gruppe sich den Wünschen von Eliten anbiedert. Insbesondere wenn Geld und Egos involviert sind, sind viele Gruppen eher für Medien oder Staatsbedienstete da, nicht aber für die Mitglieder der Community, denen sie eigentlich dienen sollen.

Drei. Mangel, Dringlichkeit, Wettbewerb

Manche Gruppen entwickeln eine Kultur des Mangels (von Geld, Zeit, Aufmerksamkeit, Arbeitskraft). In Anbetracht des Mangels, der tatsächlich in vielen unserer Leben im Kapitalismus dominiert, ist das auch durchaus nachvollziehbar. Aber wenn wir immer aus einem Gefühl heraus arbeiten, dass es nicht genug Geld, Zeit oder Aufmerksamkeit für alle gibt, geraten wir manchmal in den Wettbewerb mit anderen Gruppen oder mit anderen Menschen in unserer Gruppe. Vielleicht empfinden wir bestimmte Aufgaben auch als so dringlich, dass wir nicht achtsam und sorgfältig genug arbeiten, und bei all dem Druck und Gehetze nicht darauf achten, gut miteinander umzugehen. Das kann zu Konflikten oder zu Fehlern führen, die unseren Communitys schaden.

Werkzeug 3. Tendenzen, die Gruppen schaden

SCHÄDLICHE TENDENZEN	WIE WIRD DIE GRUPPE GEFÜHRT?	WIE GESTALTET SICH DAS MITMACHEN?
Geheimnisse, Hierarchien und ein Mangel an Klarheit	Eine Person oder eine kleine Gruppe entscheidet Neue Mitglieder kennen den Entscheidensprozess nicht Keine klaren Abläufe beim Entscheiden	Entweder du folgst der charismatischen Führungsperson oder du wirst selbst zu ihr Wenn die Führungsperson verschwindet oder sich ausverkauft, tut das automatisch auch die ganze Gruppe Verwirrung über Rollen und Entscheidungen
Zu viel versprechen, zu wenig abliefern, nicht für die Menschen da sein, sich Eliten anbiedern	Eine oder mehrere Personen versprechen, dass die Gruppe etwas tun wird, ohne sich mit allen anderen zu besprechen Die Gruppe ist nicht für die Community da, der sie dient, sehr wohl aber für Eliten und Medien	Teilnehm*erinnen dürfen nicht mitreden, wenn es darum geht, ob die Gruppe mehr Arbeit annimmt; Überarbeitet und überstrapaziert sein, Konflikte über Arbeitslast und unbefriedigte Bedürfnisse Charismatische Führungspersonen neigen zum Ausverkauf für Geld und Aufmerksamkeit
Mangel, Dringlichkeit, Wettbewerb	Wettbewerb innerhalb der Gruppe oder mit anderen Gruppen, die ähnliche Arbeit machen, um Aufmerksamkeit und Ressourcen Übereiltes entscheiden	Erschöpfung Konflikte über Prioritäten und Überlastungen Streit unter Mitgliedern darüber, welche sich am meisten kümmern und am meisten arbeiten

GEFAHREN	WAS WIR STATTDESSEN WOLLEN
Neue Leute finden keinen Anschluss Ressourcen werden entwendet Konflikte über Entscheidungen Cliquen	Transparenz Gemeinsames, partizipatives Entscheiden Ohne Anführ*erinnen, aber mit vielen, die führen durch Mitsprache aller
Burn-out Konflikte Abrücken von den Prinzipien der Gruppe Vereinnahmung durch Eliten	Klare Planprozesse, über die Arbeitslast wird gemeinsam entschieden Verantwortlichkeit gegenüber der Community, um die es geht, besonders gegenüber den verletzlichsten Mitgliedern
Burn-out Konflikte Beziehungen in der Gruppe und zu Gruppen, die ähnliche Arbeit machen, werden beschädigt Es profitieren diejenigen, die unserer Bewegung entgegenstehen	Kooperation Großzügigkeit Die Arbeit wird nach Wissen und Fähigkeiten der Gruppe geplant und getaktet Auf lange Sicht dabeibleiben

Dieser Abschnitt bietet Werkzeuge dafür, sich mit diesen schädlichen Tendenzen in unseren Gruppen und bei uns selbst auseinanderzusetzen. Es sind Werkzeuge, die uns unterstützen, Transparenz, Integrität und Großzügigkeit in unserer Arbeit zu kultivieren und die Fallstricke aus Kapitel 4 zu vermeiden. Wir werden uns damit beschäftigen, wie das Entscheiden und die Führung aussehen, wenn diese gefährlichen Tendenzen zu arbeiten sich durchsetzen. Und wir werden besprechen, welche alternativen Praktiken es gibt und was für persönliche Eigenschaften und Verhaltensweisen wir kultivieren müssen, um diese Alternativen anzuwenden.

Gruppenkultur

Gruppen haben Kulturen. Eine Gruppenkultur wird aus den Signalen geformt, die wir den Menschen geben, wenn sie dazustoßen oder an einer Veranstaltung teilnehmen. Sie besteht aus den Normen, denen die Gruppe folgt. Sie zeigt sich darin, wie wir gemeinsam feiern, wie wir miteinander plaudern, wie sich unsere Plena anfühlen, wie wir einander Feedback geben und mehr. Die Persönlichkeiten, Verhaltensweisen und Haltungen der Gründungspersonen sind oft tief in der Gruppe verwurzelt und spiegeln sich in ihrer Kultur wider. Wenn die Gründungsperson nicht nachvollziehbar oder sehr unbedarft mit Geld umgeht oder häufig zu spät zum Plenum kommt, färbt das vielleicht auf die ganze Gruppe ab. Wenn die Gründungsperson gern am Ende eines Plenums singt, wird die Gruppe diese Tradition wohl für lange Zeit weiterführen. Doch eine Gruppenkultur verändert sich auch, wenn neue Leute dazustoßen und wenn die

Umstände sich ändern. Und wir können bewusst entscheiden, die Gruppenkultur zu verändern: Wir können darüber diskutieren, welche Tendenzen wir in der Gruppe beobachten. Wir können über die Methoden der Gruppe sprechen, darüber, was funktioniert und was nicht. Wir können reflektieren, wie das, was wir gern erleben würden, sich schon in unserem eigenen Verhalten zeigen kann. So können wir aufeinander Einfluss nehmen.

Es gibt nicht die eine richtige oder perfekte Gruppenkultur. Gruppen sollen sich ruhig voneinander unterscheiden, denn ihre Teilnehm*erinnen sind ja auch unterschiedlich und wir alle bringen unterschiedliche Eigenschaften, Fertigkeiten und Standpunkte mit. Idealerweise wollen wir eine Gruppenkultur, die die Teilnehm*erinnen unterstützt: bei der Arbeit, für die sie zusammengekommen sind, in ihrem Wohlbefinden, und dabei, fruchtbare Beziehungen aufzubauen. In manchen Gruppen bedeutet das, dass die Menschen sexuelle und romantische Beziehungen mit anderen in der Gruppe eingehen. In anderen Gruppen wäre das unangemessen und schädlich, und die Gruppe würde eine Kultur schaffen, die dem entgegensteht. In manchen Gruppen singen und tanzen die Menschen gern zusammen, und in manchen Gruppen wollen die Menschen gemeinsam spirituelle Rituale erleben. In manchen Gruppen macht es die Art der Arbeit notwendig, dass es bestimmte Formen der Geheimhaltung und Sicherheit gibt, um Teilnehm*erinnen zu schützen, die gewagte Aktionen starten. In anderen ist es unerlässlich, eine besondere Offenheit gegenüber neuen Teilnehm*erinnen zu kultivieren, um viele Menschen zu motivieren mitzuarbeiten.

Die folgende Tabelle soll sowohl Menschen, die schon Teil eines Projekts sind, als auch Menschen, die bald eines starten wollen, dazu anregen, über Gruppenkultur zu sprechen. Diejenigen, die bereits in einem Projekt sind, können die Tabelle nutzen, um herauszufinden, wie es um die Gruppenkultur im Moment so bestellt ist. Und selbst wenn bisher nur ein einziges Mal darüber gesprochen wurde, ein Projekt zu starten, hat sich dabei sicher schon gezeigt, welche Normen die Gesprächsteilnehm*erinnen wohl in die entstehende Gruppenkultur mitbringen würden. Diese Tabelle kann helfen, um sich darüber auszutauschen, welche Stärken und Schwächen die Teilnehm*erinnen schon in anderen Gruppen erlebt haben – also auch in der Familie, auf der Arbeit, in der Schule und in der Gemeinde – und was sie in der neuen Gruppe nachahmen oder eben nicht reproduzieren wollen.

Werkzeug 4. Eigenschaften von Gruppenkulturen

WAS IST HILFREICH?	WAS IST MÖGLICHERWEISE SCHÄDLICH?
Verlässlichkeit, Verantwortung, Pünktlichkeit, Dinge zu Ende bringen	Unzuverlässigkeit, zu spät sein, Dinge werden nicht durchgezogen
Neue Leute willkommen heißen	Verschlossenheit gegenüber neuen Leuten
Flexibel sein, experimentell sein	Steif sein, bürokratisch, formelhaft
Kollaborativ sein	Sich isolieren, wetteifern
Realistische Arbeitslast, tragfähige Arbeitsabläufe, eine echte Kultur des Wohlbefindens und der Fürsorge	Überarbeitung, Perfektionismus, Märtyrer*innentum
Direktes Feedback geben, daran wachsen	Schweigen und/oder hinter dem Rücken von einander reden, Leute schlecht machen
Bei Werten bleiben	Werte verraten oder ausverkaufen, bei politischem oder finanziellem Druck einknicken
Bescheidenheit	Gefühl der Überlegenheit (z. B. sich mit fremden Lorbeeren schmücken, sich Feedback verweigern)
Die Arbeit gut verteilen	Wenige Menschen machen den Großteil der Arbeit
Spaß haben, feiern, einander wertschätzen	Bierernst sein, sich ärgern, Stress haben

WAS IST HILFREICH?	WAS IST MÖGLICHERWEISE SCHÄDLICH?
Einander verzeihen	Nachtragend sein (gegenüber Menschen im Projekt und gegenüber anderen Menschen und Gruppen)
Fähig zu fruchtbarem Konflikt sein, daraus lernen, wiedergutmachen, heilen	Konflikte meiden oder sie eskalieren lassen, ohne sie je zu klären
Klarheit über Vorgänge	Verwirrung, Durcheinander
Menschliches Tempo mit klaren Prioritäten und realistischen Erwartungen	Gehetztes Tempo
Transparenz	Geheimniskrämerei
Großzügigkeit	Ein andauerndes Gefühl des Mangels, Knauserigkeit

Tatsächlich enthält diese Tabelle Widersprüche. Wir wollen flexibel sein, aber auch eine Kultur haben, die uns reaktionsfähig, verlässlich und pünktlich macht. Wie schaffen wir es, beides zu kultivieren? Die meisten von uns haben ihr Konzept von Verantwortung aus der dominanten Kultur. Wir assoziieren damit, über Zwang, Verlockung oder Scham dazu gebracht zu werden, »brav« zu sein, unsere Bedürfnisse zu ignorieren und Angst zu haben, bestraft zu werden, wenn wir uns falsch verhalten. Wie halten wir Werte wie Flexibilität, Mitgefühl und Gerechtigkeit hoch, während wir eine Kultur aufbauen, in der wir wirklich da sind und tun, was wir versprochen haben? Das ist Stoff für handfeste Konflikte. Wenn wir nicht miteinander darüber sprechen, riskieren wir auf Automatismen zurückzufallen, neue Leute abzuschrecken und als Gruppe auseinanderzubrechen. Bewusst eine Gruppenkultur zu schaffen, eine gemeinsame Vision davon zu teilen, bedeutet nicht, dass wir alle genau wie alle anderen sein müssen. Wir können anerkennen, dass wir unterschiedliche Fähigkeiten, Talente, Wünsche und Schwierigkeiten haben, und dennoch eine Kultur schaffen wollen, in der wir einander bei der Arbeit unterstützen und dabei, neue Fertigkeiten zu erlernen – eine Kultur, in der wir miteinander verbunden und zueinander gutherzig sind. Das Ziel ist nicht, dass alle sich ähneln, sondern dass wir einander ergänzen und gemeinsame Methoden auf gemeinsamen Werten aufbauen.

Der Slogan von MADR lautet »No Masters, No Flakes«, was auf Deutsch etwa bedeutet, dass keine Person die Führung an sich reißt, und keine Person die anderen hängen lässt. Das fasst die Schlüsselprinzipien für kollektive solidarische Fürsorge-Arbeit wunderbar zusammen. Dieser doppelte Fokus darauf, Hierarchien in der Organisation abzulehnen und sich zu verpflichten, auf Grundlage gemeinsamer Werte Verantwortlichkeit aufzubauen, erfordert von dir als Teilnehm*erin nicht deswegen weiter mitzumachen, weil eine Führungsperson dich zwingt, sondern weil du es willst.

Gemeinsam entscheiden

Die wohl zentralste Gruppenaktivität, die alles andere erst ermöglicht, besteht darin, sich zu entscheiden. Das gut zu machen bedeutet, auf Grundlage der besten zur Verfügung stehenden Informationen zu entscheiden. Es bedeutet, uns voneinander wahrgenommen zu fühlen. Und es bedeutet schließlich motiviert zu sein, umzusetzen, was wir entschieden haben. Es schlecht zu machen bedeutet, unkluge Entscheidungen zu treffen. Es bedeutet zu Ressentiments oder Kränkung beizutragen, oder dazu, dass einige den Bezug zur Gruppe verlieren. Und es bedeutet, dass Menschen weniger motiviert sind, sich weiter der Sache zu widmen.

Die meisten von uns sind wenig erfahren in Gruppen, in denen alle zusammen entscheiden dürfen, weil unsere Schulen, Arbeitsstellen, Gemeinden und andere Gruppen meist hierarchisch organisiert sind. Unsere jetzige Gesellschaft funktioniert nur über Zwang. Du musst arbeiten oder zur Schule gehen und Regeln und Gesetze befolgen, bei denen du nichts zu sagen hattest, egal ob du an sie glaubst oder nicht. Sonst riskierst du es ausgeschlossen, stigmatisiert, ausgehungert oder bestraft zu werden. Unsere Zustimmung ist nicht gefragt, wenn es darum geht, unter welchen Umständen wir leben. Vorgesetzte, Unternehmen und Beamte treffen Entscheidungen, die

die meisten Menschen arm machen, den Planeten verschmutzen, den Wohlstand auf wenige konzentrieren und Kriege auslösen. Wir sind nur darin geübt, als einzelne Konsum*entinnen zu entscheiden – wirklich kollektiv entscheiden wir nur selten. Uns wird erzählt, wir würden in einem System des »Mehrheitsprinzips« leben. Doch zur Wahl stehen nur Leute, die von den Reichsten der Reichen gekauft wurden oder selbst zu ihnen gehören, und was diese Personen entscheiden, ist nicht zum Vorteil der Mehrheit der Menschen.

Das Gegenteil von dieser Art zu entscheiden ist, gemeinsam zu entscheiden und Wert darauf zu legen, dass jede Person zustimmen möchte. Das ist das Konsensprinzip. Anders als bei repräsentativen Regierungen gibt uns das Konsensprinzip ein Mitspracherecht bei den Dingen, die uns persönlich betreffen, anstatt dass wir eine Person wählen, die dann für uns eintritt oder aber vielleicht auch nicht. Das Konsensprinzip ist eine radikale Methode, eine neue Welt zu bauen, die nicht auf Dominanz und Zwang basiert.

Es ist wichtig, sich bewusst zu sein, dass keine Entscheidensstruktur alle Konflikte und Machtdynamiken verhindern kann. Ebenso wenig kann sie garantieren, dass wir nie frustriert sind oder uns langweilen oder uns entscheiden, nicht weiter zusammenzuarbeiten. Aber das Konsensprinzip kann uns zumindest den teuren Preis von Hierarchien und des Mehrheitsprinzips ersparen, wie zum Beispiel, dass Macht missbraucht wird, dass die meisten Menschen demobilisiert werden, dass unwirksam gearbeitet wird. Das Konsensprinzip ist unsere beste Chance, alle Meinungen wahrzunehmen, uns mit Machtdynamiken auseinanderzusetzen und Entscheidungen zu fällen, die auf dem kollektiven Wissen der Gruppe basieren und die die Menschen dann auch umsetzen wollen.

Was ist das Konsensprinzip?

Das Konsensprinzip basiert auf dem Gedanken, dass sich alle Menschen bei den Entscheidungen, die sie betreffen, einbringen können sollten. Wenn wir gemeinsam an einem Projekt arbeiten, sollten wir alle mitentscheiden können, wie wir arbeiten, anstatt es vorgeschrieben zu bekommen. Wenn wir über Ideen diskutieren, ist uns zwar bewusst, dass die Menschen unterschiedliche Erfahrungen und verschiedenes Wissen haben. Doch wir folgen keiner Person, bloß weil sie sich rechthaberisch verhält, zuerst da war, oder einen höheren sozialen Status in der dominanten Kultur hat, weil sie vom Fach ist, *weiß*, älter, männlich gelesen wird, studiert hat usw. Das Konsensprinzip ist erfüllt, wenn alle, die an einer Diskussion teilnehmen, mittüfteln, Möglichkeiten eröffnen und einen Vorschlag modifizieren, bis alle damit leben können. Konsens bedeutet miteinander, nicht gegeneinander. Beim Mehrheitsprinzip geht es darum, so viele Menschen wie möglich dazu zu bringen, deinen Vorschlag einem anderen vorzuziehen und zu »gewinnen«, indem die Dinge auf deine Weise gemacht werden. Das bedeutet, dass wir die Bedürfnisse und Sorgen all der Menschen missachten, die es nicht schaffen, von der Mehrheit unterstützt zu werden. Konsens ermutigt uns herauszufinden, was die Anliegen aller sind, und zu versuchen, einen Weg vorwärts zu schaffen, der so gut wie möglich *alle* Anliegen berücksichtigt. Konsens basiert auf dem Glauben, dass Menschen zusammenarbeiten können und dass Ihnen das Wohlbefinden anderer am Herzen liegt, anstatt auf dem Mythos, dass wir von Natur aus von Konkurrenzdenken und Gier bestimmt sind.

So kultiviert Konsens eine Haltung, bei der das Ziel und das Wohlbefinden der Gruppe im Mittelpunkt stehen, und nicht der

Wunsch, dass die Dinge so laufen, wie *eine* Person es will. Beim Konsens können alle Teilnehm*erinnen ein Veto einlegen, sodass wir uns die Zeit nehmen, die Anliegen aller zu besprechen, weil es ohneeinander nicht weitergeht. Wir versuchen, uns zu einigen, indem wir den Vorschlag modifizieren, bis er so gut wie möglich die gesamte Bandbreite von Bedürfnissen und Anliegen abdeckt. So bauen wir auch die Fähigkeit auf, mit einem Bewusstsein für andere Gruppen- und Communitymitglieder zu entscheiden und nicht nur in unserem Sinne oder dem unserer Clique. Es geht darum etwas okay zu finden, obwohl etwas dann auf eine Weise getan würde, die nicht ganz unseren eigenen Vorstellungen entspricht. Das heißt, wir lernen uns vorzustellen, wie Entscheidungen sich auf uns alle unterschiedlich auswirken und wie wir uns produktiv voran bewegen können, während wir die Bedürfnisse und Wünsche anderer Menschen berücksichtigen. In Konsensprozessen können Menschen »Platz machen«. Das heißt, dass sie der Gruppe erklären, dass sie ihre Bedenken zurückstellen, weil sie zustimmen, dass es für die Gruppe am besten ist, wenn eine Entscheidung gefällt wird. Die Idee dahinter lautet, dass schließlich viele Meinungen geäußert wurden, und sich bemüht wurde, alle Anliegen zu bedenken.

Der Konsensprozess kann idealtypisch zum Beispiel so aussehen: Eine Gruppe hat über eine gewisse Zeit einen Vorschlag ausgetüftelt, in kollektiven Diskussionen Anliegen bedacht, und ihn optimiert, bis es scheint, als wären alle bereit zuzustimmen. Eine Person fragt dann den Konsens ab. Sie prüft, ob es Menschen gibt, die »Platz machen« – also signalisieren, dass sie nicht zustimmen, aber den Vorschlag nicht blockieren wollen –, und ob es »Vetos« gibt – also Einwände, die so bedeutend sind, dass der Vorschlag in seiner aktuellen

Form nicht angenommen werden kann. Wenn es Vetos gibt, muss weiter an dem Vorschlag gearbeitet werden. Die Person oder Personen, die das Veto eingelegt haben, können ihre Bedenken äußern. Die Gruppe kann dann entweder direkt damit loslegen, den Vorschlag zu überarbeiten, oder einige Leute delegieren, daran zu arbeiten und zum nächsten Plenum Ideen mitzubringen, wie weitergemacht werden kann. Wenn es keine Vetos gibt, aber viele Menschen Platz machen, kann die Gruppe sich entscheiden, noch ein wenig die Gründe dafür zu diskutieren und zu prüfen, ob sich diese auflösen lassen, wenn der Vorschlag verbessert wird. Wenn eine Person merkt, dass sie häufig Vetos einlegt, kann es helfen, wenn sie darüber nachdenkt, ob sie in der richtigen Gruppe ist. Glaubt sie an die gemeinsamen Ziele? Hält sie sich mit ihren Ansichten zu Beginn des Konsensprozesses zurück? Fühlt sie sich, als nehme die Gruppe ihre Meinung nicht wahr? Grundsätzlich gilt, dass Vetos eher selten sein sollten.

Dieser Prozess entfaltet sich häufig über mehrere Plena hinweg. Der Anfang wird bei einem ersten Plenum gemacht und eine Gruppe von Menschen stimmt sich dann ab, um für das nächste Plenum einen Vorschlag zu entwickeln, der dann diskutiert wird.

Das Konsensprinzip bedeutet nicht, dass immer die ganze Gruppe entscheidet. Das Entscheiden kann weiterhin an AGs delegiert werden, die daran arbeiten, einen Teil des Gesamtplans der Gruppe umzusetzen. Wenn die Gruppe zum Beispiel Einkäufe erledigt und ausliefert, kann eine einzelne AG dafür zuständig sein, das Ausliefern und die Aufträge zu planen. Welche Entscheidungen an AGs delegiert werden und welche von der ganzen Gruppe getroffen werden, wird unten noch besprochen.

Dieses Schaubild fasst den Konsensprozess zusammen:

Werkzeug 5. Die zentralen Schritte des Konsensprinzips

SCHRITT 1
Diskutieren

↓

SCHRITT 2
Feststellen, wenn sich ein Vorschlag herausbildet

↓

SCHRITT 3
Feststellen, welche Anliegen noch nicht berücksichtigt wurden

↓

SCHRITT 4
Gemeinsam den Vorschlag modifizieren

↓

SCHRITT 5
Abfragen, wieviel Zustimmung der Vorschlag hat

↓

SCHRITT 6
Final entscheiden ODER
Nochmal bei Schritt 1 oder 3 ansetzen

Damit Konsens gut funktioniert,

- müssen wir uns einer gemeinsamen Sache widmen;
- einander zu einem gewissen Grad vertrauen;
- das Konsensprinzip begreifen;
- bereit sein, das Interesse der Gruppe in den Mittelpunkt zu stellen (was nicht heißen soll, dass wir uns für »das Wohl der Gruppe« opfern sollen, sondern dass wir es okay finden, wenn die Dinge auch mal anders laufen, als wir es uns wünschen);
- bereit sein, Zeit damit zu verbringen, Vorschläge vorzubereiten und zu diskutieren;
- über eine gute Moderation und Gesprächsvorbereitung verfügen.

Diese Fertigkeiten und Eigenschaften können sich in einer jungen Gruppe noch mit der Zeit entwickeln – es ist in Ordnung, wenn wir sie nicht alle gleich zu Beginn parat haben. Die größte Stärke der meisten solidarischen Gruppen ist die gemeinsame Sache.

Vorteile des Konsensprinzips

1. Bessere Entscheidungen

Wenn mehr Menschen eine Entscheidung offen durchsprechen können, wenn sie das, was sie wissen, ohne Angst von Repressalien von Vorgesetzten, Eltern oder Lehr*erinnen teilen können, dann wird es umso wahrscheinlicher, dass auch mehr relevante Informationen und Erfahrungen mit einfließen. In hierarchischen Organisationen werden die Menschen davon abgeschreckt, ihre Meinung zu teilen, weil ihnen entweder nicht zugehört wird oder weil sie negative Konsequenzen fürchten müssen, falls sie widersprechen. Und weil Hierarchien so tief in unserer Kultur verwurzelt sind, gleiten die Menschen in Führungspositionen oft in Dominanzverhalten ab, ohne das zu wollen. Sie gehen davon aus, dass ihre Ideen die besten sind, nehmen die Meinung anderer nicht ernst, oder treffen einseitige Entscheidungen, die andere dann umsetzen sollen. Wenn wir versuchen eine Welt zu schaffen, in der Menschen kollektiv selbstbestimmt leben, in der wir gemeinsam und gerecht entscheiden – über das Land, auf dem wir leben, über Arbeit, Wohnraum, Rohstoffe, Energie, Lebensmittel und alles, was sonst wichtig ist –, dann müssen wir üben zu entscheiden, ohne dass wir dominieren und ohne dass wir uns unterwerfen.

2. Bessere Umsetzung

Wenn andere Menschen für uns entscheiden und wir weder eigene Anliegen einbringen noch widersprechen dürfen, dann ist es weniger wahrscheinlich, dass wir umsetzen wollen, was entschieden wurde. Am Arbeitsplatz passiert das die ganze Zeit. Vorgesetzte sagen, wie die Dinge gemacht werden, aber die Angestellten halten die Methode für falsch oder finden, dass die falschen Prioritäten gesetzt wurden. Sie trödeln dann mit der Arbeit oder erledigen sie anders oder eben gar nicht. In Freiwilligengruppen werden Menschen, die beim Entscheiden nicht mitreden dürfen, wahrscheinlich irgendwann der

Gruppe fernbleiben. Anders als Angestellte, haben sie keinen Anreiz zu bleiben, wenn die Arbeit nicht zu ihren Prinzipien passt oder sich nicht bedeutsam anfühlt. Wenn wir uns mit einem Vorschlag gemeinsam auseinandersetzen und darüber sprechen, wie er verbessert werden könnte, wenn wir an unseren besten Ideen herumtüfteln, bis wir etwas haben, das alle gut finden oder mit dem zumindest alle leben können, dann ist es wahrscheinlicher, dass wir zupacken und umsetzen, was wir entschieden haben, anstatt auseinanderzudriften und es nicht zu Ende zu bringen.

3. Mehr Menschen arbeiten mit und bleiben auch dabei

Wenn eine Person zum ersten Mal bei einer Gruppe auftaucht, voller Leidenschaft für die Sache, aber nicht versteht, warum die Dinge so und nicht anders getan werden, und sie keine Möglichkeit bekommt, ihre Meinungen zu teilen oder zu beeinflussen, was passiert – dann wird sie die Gruppe wahrscheinlich wieder verlassen. Die Menschen kommen, um etwas beizutragen, aber sie bleiben, weil sie sich gebraucht fühlen, miteinbezogen und als Teil von etwas. Non-Profits bieten Freiwilligen meist nur sehr begrenzte Möglichkeiten mitzumachen. Du kannst Geld spenden oder Briefe frankieren, Telefondienst machen oder auf Veranstaltungen Flyer und so weiter verteilen. Die Beziehung von Freiwilligen zu diesen Gruppen ist meist brüchig. Vielleicht ist das Gefühl, geholfen zu haben, schon ein bisschen befriedigend. Die Kernarbeit bleibt ihnen aber vorenthalten.

Gruppen hingegen, die solidarische Fürsorge-Arbeit leisten, ermöglichen es den Menschen eine tiefgreifende Beziehung zu dieser

Arbeit aufzubauen und die Kraft zu spüren, die darin steckt, gemeinsam wichtige, mutige Überlebensarbeit zu machen. Die Beziehung zwischen der Gruppe und den Teilnehm*erinnen ist somit sehr eng. Zu dieser engen Beziehung gehört es, für die Gruppe verantwortlich zu sein und das Projekt als Ganzes erfassen und beeinflussen zu können, sogar wenn der Fokus auf einer Teilaufgabe liegt, wie Einkäufe liefern oder die Hotline besetzen.

4. Das Konsensprinzip kann verhindern, dass Gruppen vereinnahmt werden

Projekte und Gruppen werden oft vereinnahmt, indem zuerst einzelne Menschen vereinnahmt werden. Häufig passiert das charismatischen Anführ*erinnen oder Gründ*erinnen von Projekten, die die Ideale der Gruppe verraten, weil ihnen Zugang zu besserer Finanzierung, mehr Einfluss, einem Job oder anderen Formen von Status versprochen werden. Wenn eine kleine Anzahl von Menschen die Macht hat zu verändern, wofür das Projekt sich einsetzt, kann es schwierig sein, diesen Anreizen zu widerstehen. Die Anführ*erinnen sind oft nicht die verletzlichsten Mitglieder der Gruppe, denn als »überzeugend«, »wichtig«, »zuverlässig« oder als Autoritätsperson wahrgenommen zu werden, hängt mit Rassifizierung, Gender, Alter, Sprache und Bildungsgrad zusammen. So kann es sein, dass die einzelne Person oder die kleine Gruppe, die ein Projekt führt, nicht diejenigen Menschen sind, die am meisten zu verlieren haben, wenn sich ein Projekt den Interessen der Eliten anpasst. Es sind die verletzlichsten Teilnehm*erinnen, die am ehesten gegen die Veränderungen sind, die mit der Vereinnahmung einhergehen: neue

Anspruchskriterien, die stigmatisierte Gruppen ausschließen, oder ein Anbiedern an Gesetzeshüt*erinnen oder Wohltät*erinnen.

Wegen solcher Dynamiken haben einige Soli-Gruppen Kriterien oder Richtlinien formuliert, die ausdrücklich sicherstellen sollen, dass häufig außen vor gelassene oder marginalisierte Perspektiven wahrgenommen werden. Einige Gruppen haben beispielsweise vereinbart, dass Entscheidungen, bei denen Befürwort*erinnen und Geg*nerinnen sich entlang von Identitätskategorien verteilen – wenn zum Beispiel die meisten Frauen der Gruppe oder die Menschen ohne Aufenthaltsstatus gegen einen Vorschlag sind –, erneut bewertet werden, um zu prüfen, ob der Vorschlag zu den Kernprinzipien der Gruppe passt. Und einige Gruppen führen Quoten für AGs ein, die bestimmte Entscheidungen treffen dürfen, um zu garantieren, dass Personengruppen, die besonders häufig ausgegrenzt werden, in diesen AGs repräsentiert sind.

5. Durch das Konsensprinzip lernen wir wertzuschätzen und dafür einzustehen, dass andere Menschen partizipieren

Einerseits vermeidet das Konsensprinzip das Problem, dass Mehrheiten Minderheiten niederstimmen können und so verletzliche Gruppen zum Schweigen bringen. Darüber hinaus erschafft es aber eine Kultur, in der es ausdrücklich erwünscht ist, dass andere teilnehmen. Systeme des Entscheidens, die auf Wettbewerb fokussieren – darauf *meiner* Idee zum Sieg zu verhelfen – kultivieren Desinteresse daran, dass andere Menschen partizipieren. Das Konsensprinzip verlangt von den Teilnehm*erinnen, Vorschläge einzubringen, die diskutiert und modifiziert werden, bis alle so zufrieden sind, dass sie kein Veto einlegen. So können die Teilnehm*erinnen Übung darin erlangen, sowohl die Bedenken der anderen wahrnehmen zu wollen als auch die kreativen Ansätze aus dem Plenum, diesen Bedenken zu begegnen. Wenn wir mit unseren Bewegungen Hunderte Millionen von Menschen mobilisieren wollen, muss es unser aufrichtiges Ziel sein, dass andere Menschen partizipieren – und zwar sogar dann, wenn sie andere Vorstellungen mitbringen oder nicht mit der Art und Weise einverstanden sind, wie wir die Dinge tun würden. Die meisten Menschen werden sich nicht lange auf intensive unbezahlte Arbeit einlassen, wenn sie nicht mitentscheiden können, wie diese Arbeit gemacht wird. Wir müssen üben, die Partizipation anderer zu wollen, und nicht nur bei dem mitzuziehen, was charismatische Autoritätspersonen sagen. Unsere Kultur hat uns gut darauf vorbereitet, uns entweder der Obrigkeit zu beugen oder zu versuchen, selbst die Führung zu übernehmen. Es ist an der Zeit, etwas anderes zu lernen.

Das Konsensprinzip produktiv und effektiv machen

Hier sind fünf Methoden, die ein produktives, effektives Entscheiden nach dem Konsensprinzip vorbereiten:

- AGs bilden
- Ein Schema für das Entscheiden erarbeiten
- Üben, Vorschläge zu machen
- Üben, Plena zu moderieren
- Neue Leute willkommen heißen

1. AGs bilden

Wenn solidarische Fürsorge-Projekte gerade erst gestartet sind, arbeiten häufig nur wenige Leute mit. Mit einer kleinen Anzahl von Menschen – fünf oder weniger – können die Dinge oft recht schnell und einfach gemeinsam diskutiert werden. Wenn das Projekt an Fahrt gewinnt und mehr Menschen dazukommen, kann es sehr hilfreich sein, AGs zu bilden. Diese arbeiten dann an kurz- und langfristigen Projekten und tauschen sich mit der Gesamtgruppe aus, um sich Input für Vorschläge zu holen oder Vorschläge einzubringen, über die die Gruppe entscheiden soll. Manche AGs können für kurze Zeit gebildet werden, um schnelle Aufgaben zwischen den Plena zu erledigen, andere AGs können als langfristige Untergruppen gedacht sein. Beispielsweise kann ein junges Projekt, das für immungeschwächte Menschen in der Gegend Einkäufe erledigt, eine kleine Recherche-AG bilden, die nachforscht, wie die Lebensmittel zwischen Einkaufen und Ausliefern am besten desinfiziert werden können, und diese Ideen mit ins Plenum bringen. Es kann auch eine AG gegründet werden, die Anfragen bearbeitet, die die Gruppe über Soziale Medien und Online-Formulare erreichen, und eine AG, die die Auslieferung koordiniert. Gruppen können bei Bedarf AGs bilden und sie dann ändern, sie zusammenführen oder in mehrere kleinere teilen, wenn die Bedingungen sich ändern und wenn neue Erfahrungen beim Arbeiten gemacht werden.

AGs zu haben und zu wissen, welche Menschen dazu gehören, hilft dabei, Aufgaben zu delegieren, damit sie nicht bei einigen wenigen Leuten hängen bleiben. Wenn es AGs gibt, ist es oft leichter für neue Leute, sich in der Gruppe zu orientieren und zu wissen, wie sie sich einbringen können und was sie beitragen können. AGs machen somit den Prozess des Arbeitens transparenter. Sie können helfen, auch zwischen den Plena mit der Arbeit voranzukommen, denn die Mitglieder einer AG können unter sich Informationen sammeln, sie diskutieren und sich mit Feinheiten auseinandersetzen, um die Informationen dann schon aufbereitet mit ins Plenum zu bringen. Wenn sie bevollmächtigt sind, einzelne Aspekte der Arbeit entsprechend der Pläne und Prinzipien der ganzen Gruppe zu entwickeln und umzusetzen, können AGs auch Engpässen beim Entscheiden vorbeugen. Je größer und komplexer Gruppen werden, desto sinnvoller ist es außerdem oft, detaillierter zu planen. Zum Beispiel können AGs die Arbeit durchplanen, die im nächsten halben Jahr ansteht, um sich dann die Zustimmung der ganzen Gruppe einzuholen, sodass jede AG den eigenen Teil des Ganzen gut bewältigen kann.

2. Ein Schema für das Entscheiden erarbeiten

Eine hervorragende Methode, um Konflikten vorzubeugen und dabei so produktiv und wirksam zu werden wie aufgabenspezifische AGs, ist, ein Schema zu erarbeiten, das den Menschen sagt, was in den AGs und was in der ganzen Gruppe entschieden wird. Kein Schema kann jede mögliche Entscheidung vorausahnen, die eine Gruppe je treffen müssen wird. Aber ein paar der großen darauf zu schreiben – vor allem die möglicherweise sensiblen und die mit Konfliktpotenzial – kann Gruppen helfen, im Sinne ihrer Prinzipien zu entscheiden. Schemata für das Entscheiden sollten immer als unfertig verstanden werden. Während Gruppen sie anwenden, finden sie heraus, was funktioniert und was nicht, und passen sie entsprechend an.

Das Folgende ist ein Musterschema für unsere Beispielgruppe, die für immungeschwächte Menschen einkauft. Meins sieht aus wie eine Tabelle, aber es kann auch ganz anders aussehen. Es kann jede erdenkliche Kategorie enthalten und es kann auf die Weise gestaltet sein, die für die Bedürfnisse einer Gruppe am besten passt. Es kann wie ein Flussdiagramm gestaltet sein, mit Kreisen, den Blättern einer Blüte nachempfunden, oder die Varianten beim Entscheiden wie ein Ökosystem darstellen. Alles ist vorstellbar; wichtig ist, was für die jeweilige Gruppe funktioniert.

Werkzeug 6. Musterschema fürs Entscheiden

ENTSCHEIDUNG	WELCHE MENSCHEN LEITEN DEN PROZESS EIN?	WELCHE MENSCHEN MÜSSEN BEFRAGT WERDEN?
Einen zusätzlichen Liefertag wählen	Auslieferungs-AG (und alle können der AG Vorschläge machen)	Ganze Gruppe beim Monatsplenum
Auf Medien-anfragen antworten	Kommunikations-AG	Kommunikations-AG kann alle ansprechen, die für Zitate oder Interviews gebraucht werden.

WELCHE MENSCHEN KÖNNEN FINAL ENTSCHEIDEN?	WELCHE MENSCHEN MÜSSEN INFORMIERT WERDEN UND WIE?
Auslieferungs-AG	Ganze Gruppe per E-Mail und nochmal beim Monatsplenum
Kommunikations-AG	Bericht über die Art der Anfrage, wie sie beantwortet wurde und mögliche Ergebnisse; ganze Gruppe per E-Mail und beim Monatsplenum

Ein häufiges Problem, mit dem sich Gruppen in solchen Schemata befassen, ist schnelles Entscheiden. Beispiele sind etwa Medienanfragen oder, wenn es um zeitkritische Anfragen von Verbündeten geht, einen Brief mitzuunterzeichnen oder bei einer Veranstaltung miteinzusteigen. Eine AG zu haben, die bevollmächtigt ist, in solchen Situationen schnell zu handeln, kann einer Gruppe helfen, reaktionsfähig zu sein und dabei in einem klaren Prozess geerdet zu bleiben. Eine kleine AG, die auf schnelles Reagieren spezialisiert ist – nur zwei oder drei Menschen, die sich mit den Gruppenprinzipien gut auskennen –, kann einschätzen, ob auf etwas zügig reagiert werden kann oder ob es so komplex ist, dass es von der ganzen Gruppe besprochen werden muss. Diese AG ist auch dafür verantwortlich, die ganze Gruppe sofort wissen zu lassen, wenn eine beschleunigte Entscheidung gefällt wurde. So wird sichergestellt, dass andere in der Gruppe es nicht erst von Dritten erfahren, wenn sich die Gruppe zum Beispiel öffentlich zu einem konkreten Thema positioniert. Hinzukommt, dass die Leute so die Gelegenheit bekommen, Input zu geben, wenn sie mit dieser bestimmten Entscheidung nicht einverstanden sind. Es kann vorteilhaft sein, die AG für schnelle Reaktionen regelmäßig neu aufzustellen, damit alle in der Rolle Erfahrung sammeln können und keine Person und keine AG die standardmäßigen Entscheid*erinnen der Gruppe werden.

Ein paar weitere Punkte, die in einem Schema fürs Entscheiden Platz finden können:

- Entscheidungen, Anträge auf Finanzierung zu stellen oder Geld entgegenzunehmen
- Entscheidungen, Geld auszugeben

- Entscheidungen, die Arbeit bedeutend auszuweiten (neue Orte, neue Programme, neue Kurspläne, eine Strategie, mehr Menschen zu erreichen)
- Entscheidungen, Teile der Arbeit nicht fortzuführen
- Entscheidungen, neue Menschen aufzunehmen oder sich größeren Gruppen oder Bündnissen anzuschließen
- Entscheidungen, Menschen zu bitten, die Gruppe zu verlassen, oder als Gruppe übergeordnete Gruppen oder Bündnisse zu verlassen
- Entscheidungen eine neue bezahlte Stelle zu schaffen, eine bezahlte Stelle abzubauen, eine Person einzustellen, einer Person zu kündigen

Ich habe immer wieder erlebt, dass all diese Entscheidungen Konflikte auslösen können, wenn einzelne Personen – oft charismatische Gründ*erinnen oder Anführ*erinnen – ohne Rücksprache mit anderen und ohne klaren Prozess entschieden haben. Es muss nicht jede potenzielle Entscheidung einer Gruppe auf dem Diagramm Platz finden. Aber ein Diagramm zu haben, das einige Entscheidungen aufführt, kann dabei helfen, neuen Teilnehm*erinnen zu zeigen, wie entschieden wird, Transparenz und Beständigkeit fördern und Konflikten vorbeugen.

3. Üben, Vorschläge zu machen

Im alltäglichen Miteinander folgen wir alle ganz formlos dem Prozess *Vorschlag → Diskutieren → Modifizieren → Konsens.*
Ich sage, dass ich abends essen gehen will. Mei*ne Freun*din schlägt den Laden an der Ecke vor. Ich sage, dort sei es zu laut, wie wäre es mit dem alten Laden? Wir sind uns einig. Wenn wir es mit komplexeren Entscheidungen zu tun haben und mehr Menschen involviert sind, ist es hilfreich, die Entscheidung tatsächlich als Vorschlag zu verstehen, der entwickelt wird, bevor das Plenum stattfindet.

Zum Beispiel kommt unsere Gruppe zu dem Schluss, dass wir eine Datenbank brauchen, um all die Menschen zu erfassen, die unsere Hotline anrufen. Diese Datenbank muss relativ sicher sein, weil unsere Anruf*erinnen keine Aufenthaltsgenehmigung haben oder kriminalisiert sind. Sie muss außerdem leicht benutzbar für Menschen sein, die unterschiedlich versiert im Umgang mit Computern sind. In diesem Fall könnten wir ein paar Gruppenmitglieder bitten, zu recherchieren, was es für Optionen gibt, und mit einem Vorschlag zurückzukommen, den wir diskutieren können. Sie präsentieren dann, was sie herausgefunden haben, erklären uns das Für und Wider der einzelnen Optionen und welche Lösung sie für die beste halten. Unsere Diskussion zu dem Thema kann nun also auf Grundlage gut recherchierter Informationen stattfinden.

Etwas wie einen Vorschlag zu behandeln statt nur als Idee oder Vorliebe, bedeutet, dass die Teilnehm*erinnen sich die Zeit nehmen, Optionen zu durchdenken und zu recherchieren, sodass sich nicht die ganze Gruppe mit Spekulationen oder sehr kleinen Details verzettelt. Beispielsweise plant unsere Gruppe eine Spendenaktion für eine Person, die aus dem Gefängnis ins Leben draußen zurückkehrt. Es könnte dann eine AG geben, die an einem Plan für die Party arbeitet mit Location, Datum, Uhrzeit, Performances, Öffentlichkeitsarbeit, Barrierefreiheit und anderen Details. Dieser Plan wird dann beim nächsten Plenum mitgebracht, damit alle ihn diskutieren und modifizieren können. Bespräche die ganze Gruppe all diese Details, würde der ganze Prozess viel länger dauern.

Was passiert, wenn wir im Plenum einen Vorschlag besprechen, uns aber nicht einig werden? Üblicherweise dann, wenn die Gruppe findet, dass irgendwann eine Lösung gefunden werden muss (zum Beispiel brauchen wir immer noch eine Datenbank, aber haben offene Fragen zu den Optionen, oder wir wollen die Party schmeißen, aber wir merken, dass wir gar nicht wissen, wie viel Zeit unsere Lieblingsperform*erinnen im Programm brauchen), kann der Vorschlag nochmal zurück zum Weiterentwickeln an die entsprechende AG gereicht werden. Doch es müssen eigentlich gar nicht dieselben Leute sein, die sich damit auseinandersetzen. Vielleicht will sich eine andere Person mit den offenen Fragen beschäftigen, weil sie Zugang zu hilfreichen Infos hat oder eine gute Vorstellung von den Kriterien, die wir erfüllen wollen. Vielleicht hat sie auch einfach Zeit zwischen den Plena, um daran zu arbeiten. Entscheiden funktioniert besser, wenn wir Vorschläge nicht als Vorschläge einer bestimmten Person oder AG verstehen, sondern als Vorschläge der Gruppe. Auf diese Weise ist es weniger wahrscheinlich, dass wir uns auf ein bestimmtes Ergebnis versteifen.

Ein hilfreiches Werkzeug für Gruppen ist ein Schema für Vorschläge. Es kann insbesondere neue Leute, die das Konsensprinzip noch nie in einer Gruppe genutzt haben, dabei unterstützen, dass ihre Ideen wahrgenommen werden. Manche Gruppen bewahren so ein Schema in einem gemeinsamen Ordner auf (in Papierform oder auf einem PC hinterlegt), damit alle darauf zugreifen können. Ein Vorschlagsschema kann so einfach sein wie dieses:

- Welches Problem soll dieser Vorschlag lösen?
- Welche Lösung wird vorgeschlagen?
- Welche AGs könnte dieser Vorschlag betreffen? Und willst du ihn erst in den AGs besprechen, bevor du ihn mit ins Plenum bringst?
- Welche Infos könntest du schon einholen, bevor die Menschen über den Vorschlag nachdenken?

Wir können dem Schema auch ein Statement zum gemeinsamen Ziel der Gruppe beifügen, denn das ist ja maßgeblich dafür, wie die Gruppe entscheidet. Einige Gruppen fügen auch noch Fragen hinzu, die in Bezug auf jeden Vorschlag diskutiert werden sollen, zum Beispiel: »Wie wird dieser Vorschlag die Barrierefreiheit unseres Projektes beeinflussen?« oder: »Ist dieser Vorschlag mit finanziellem Aufwand verbunden, und wenn ja, wie hoch ist er?«

4. Üben, Plena zu moderieren

Wie gut wir unsere Plena moderieren, kann für Erfolg und Misserfolg unserer Gruppe ausschlaggebend sein. Gekonnte Moderation hilft uns zu entscheiden, uns wahrgenommen und voneinander einbezogen zu fühlen, Konflikten vorzubeugen und sie zu lösen, Leistungen und Erfolge zu feiern, unsere Niederlagen zu betrauern. Insgesamt hilft uns das, Menschen zu werden, die zusammen in neuen, befreienderen Beziehungen leben können. Schlechte Moderation macht Plena langweilig, erschöpfend, erdrückend und schädlich für Einzelne und Gruppen. Viele von uns waren noch nie bei einem gut moderierten Plenum, und wissen gar nicht, was es überhaupt zu beachten gilt, ohne dass uns erfahrene Menschen helfen. Anders ausgedrückt, es ist sinnvoll, dem Thema Moderation besondere Aufmerksamkeit zu schenken. Wenn in eurer Gruppe keine Person entsprechende Erfahrung hat, hoffe ich, dass die folgenden Werkzeuge und andere online erhältliche Ressourcen euch allen helfen zu entscheiden, was für eure Gruppe am besten funktioniert.

Ein paar sehr grundlegende Elemente guter Moderation, die berücksichtigt werden sollten, sind diese:

- Fangt pünktlich an und kommt pünktlich zum Ende.
- Formuliert eine Tagesordnung. Wenn möglich sollte sie schon vorab an die Teilnehm*erinnen verteilt werden, sodass sie Tagesordnungspunkte (TOPs) hinzufügen können, die sie besprechen wollen. Fragt zu Beginn des Plenums nochmal ab, ob TOPs fehlen. Wenn es zu viele Punkte für die vorgesehene Zeit gibt, entscheidet als Gruppe, was beim nächsten Mal oder von einem Team außerhalb der regulären Plena besprochen werden kann.
- Legt fest, welche Person das Protokoll führt, auf das die Gruppe sich später beziehen kann und das mit

den Menschen geteilt wird, die nicht beim Plenum sein konnten. Manchmal ist es eine gute Idee, etwas Platz für eine Aufgabenliste zu lassen, um zu notieren, welche Personen welche Aufgaben übernommen haben. Es kann für Teilnehm*erinnen praktisch sein, zwischen den Plena nochmal nachschlagen zu können, und es hilft auch, am Anfang des nächsten Plenums zu schauen, ob irgendetwas noch nicht zu Ende gebracht ist, um das sich gekümmert werden muss.

- Legt für jeden TOP eine bestimmte Zeit fest und bestimmt eine Person, die auf die Uhr achtet, damit die Gruppe nicht versehentlich das Plenum überzieht oder auf wichtige TOPs nicht mehr zu sprechen kommt.
- Stellt Essen und Getränke bereit, spielt ein Spiel, tragt ein Gedicht vor, hört etwas Musik. Vielleicht mögt ihr eine Anfangsrunde mit einer witzigen Frage machen oder mit einer Frage, in der es um die tollen Persönlichkeiten der Menschen in eurer Gruppe geht. Lasst uns nicht zu bierernst sein. Wir sind zwar zum Arbeiten hier, aber auch um uns kennenzulernen und Spaß miteinander zu haben!
- Vereinbart Gruppenregeln, um dafür zu sorgen, dass das Plenum ein partizipativer und hilfsbereiter Raum ist. Die Gruppe kann zum Beispiel vereinbaren, dass jede Person abwartet, bis drei andere gesprochen haben, bevor sie wieder spricht, oder dass die Pro-

nomen voneinander respektiert werden. Es geht darum Regeln einzuführen, die angemessen erscheinen, um einen fürsorglichen und respektvollen Raum zu schaffen. Geht diese Regeln am Anfang jedes Plenums durch und stellt sicher, dass neue Leute sie verstehen, Fragen dazu stellen können oder neue Regeln vorschlagen können.
- Wenn ihr etwas Wichtiges diskutiert und die Zeit es erlaubt, überlegt, ob ihr eine Runde machen wollt, damit die Gruppe die Gedanken aller kennt. Das ist besonders dann wichtig, wenn meistens dieselben Menschen reden und andere meistens schweigen.

Eine Möglichkeit, Gruppennormen für die Moderation einzuführen, ist ein Schema für die Tagesordnungen. So ein Schema kann insbesondere auch den Menschen helfen, die zum ersten Mal moderieren oder die Tagesordnung schreiben. Es kann zum Beispiel so aussehen:

Werkzeug 7. Tagesordnungsschema

Datum:	protokolliert von:	Zeitkontrolle von:	Plenums-moderation:	Teilnehm*-erinnen:

Thema	Zeit	Moderation oder vorstellende Person
Vorstellungen und Anfangs-runde	10 Min.	
Tagesordnung besprechen	3 Min.	
Thema A	20 Min.	
Thema B	15 Min.	
Abschluss-runde	10 Min.	

Vor dem Plenum sind die Mod*eratorinnen dafür zuständig, zu überlegen, wie viel Zeit die einzelnen TOPs brauchen. Sie planen, wie die Entscheidensprozesse der Gruppe nochmal vorgestellt werden, damit alle sich zurechtfinden. Und schließlich denken sie sich aus, wie eine herzliche und offene Kultur im Plenum geschaffen wird. Die Mod*eratorinnen klären diese Fragen häufig im Gespräch mit anderen. Zum Beispiel fragen sie diejenigen Menschen, die TOPs vorgeschlagen haben, wie viel Zeit sie brauchen und wie sehr es drängt, dass der jeweilige Punkt in diesem Plenum diskutiert wird. Sie finden heraus, ob neue Leute beim Plenum erwartet werden. Oder sie bitten darum, dass ihnen dabei geholfen wird, Teile der Tagesordnung vorzubereiten.

Gruppendynamiken verbessern sich, wenn reihum gewechselt wird, welche Menschen moderieren, das Protokoll führen und auf die Zeit achten. So bekommen alle Übung darin und Machtdynamiken können nicht so leicht stagnieren und sich verfestigen. Wenn neue Leute darum gebeten werden, diese Rollen zu übernehmen, sollten sie unterstützt und angeleitet werden, damit die Erfahrung, auf diese Weise am Gruppenprozess teilzunehmen, möglichst positiv ist. Manche Gruppen finden es außerdem vorteilhaft, wenn alle Plena von zwei Menschen gemeinsam moderiert werden.

Menschen stoßen zu Gruppen dazu, um wichtige Arbeit zu machen, aber wir dürfen nicht vergessen, dass wir mit unserem ganzen Selbst dazustoßen, nicht bloß als Arbeitsmaschinen. Wir sind soziale Wesen, die sich in Gruppen entwickelt haben, und wir haben tief verwurzelte Bedürfnisse nach Sicherheit, Würde und einem Gefühl dazuzugehören, wenn wir mit anderen zusammen sind. Gute Moderation ermöglicht es, diese Bedürfnisse zu befriedigen, sogar wenn es Konflikte und Differenzen gibt.

5. Neue Menschen willkommen heißen

Wir wollen und müssen vieles verändern und großen Wandel herbeiführen, damit alle Menschen würdevoll leben können und damit wir das menschliche Leben auf unserem Planeten erhalten können. Dazu müssen wir unzählige Menschen, die noch nicht politisch aktiv sind, dazu motivieren, gemeinsam mutig und kollektiv zu handeln. Wir werden niemals so viel Geld und so viele Waffen wie unsere Geg*nerinnen haben. Alles, was wir haben, ist die Macht der Masse. Wir müssen die Menschen, die noch nie in einer sozialen Bewegung mitgemacht haben, dabei unterstützen, in die Arbeit miteinzusteigen. Sie müssen das Gefühl haben, dass sie ein Teil der Reaktion auf die Umstände werden können, die sie unerträglich finden.

Solidarische Fürsorge ist die beste Möglichkeit, Menschen in transformatives Handeln zu involvieren, weil sie so die Dinge, die ihnen und ihren Communitys schaden, ganz direkt angehen können. Um die Energie neuer Menschen und ihre Kapazitäten für kollektives Handeln zu nutzen, müssen unsere Gruppen bereit sein, sie willkommen zu heißen. Und wir müssen, um die Autorin und Aktivistin Toni Cade Bambara zu paraphrasieren, den Widerstand unwiderstehlich machen. Wir wollen, dass sie Gruppen beitreten, positive Erfahrungen damit machen, ins Handeln zu kommen, neue Fertigkeiten erlernen, ihr eigenes politisches Verständnis des Unrechts entwickeln, das sie umgibt, und ihr ganzes Leben lang in der Widerstandsbewegung bleiben. Bewegungen wachsen, weil neue

Menschen den Gruppen beitreten, sie auch als ihre Gruppen empfinden, sich mitverantwortlich für die Arbeit fühlen und dann andere Menschen anwerben, die sie in die Gruppe und ihre Strukturen einführen, sodass auch diese voll einsteigen und immer so weiter.

Es gibt einige Dinge, die dabei helfen, Gruppen und Plena für neue Leute zugänglich und interessant zu gestalten:

- Neuen Leuten die Gelegenheit geben zu teilen, warum ihnen die Themen am Herzen liegen und warum sie zur Gruppe gekommen sind. Viele Menschen versuchen ihre eigene Isolation zu durchbrechen und einen Ort zu finden, an dem sie wahrgenommen werden und an dem sie mit anderen Menschen ein gemeinsames Verständnis teilen, warum es so viel Unrecht in der Welt gibt.
- Diskussionen im Plenum für neue Leute so zugänglich wie möglich machen, indem Hintergründe der Probleme beschrieben werden, mit denen die Gruppe sich auseinandersetzt, und was die bisherigen Aktionen der Gruppe waren. Jargon, Abkürzungen und zu fachspezifische, theoretische Sprache vermeiden.
- Neuen Leuten die Gelegenheit geben, ihre Ideen zu teilen, auch wenn die Gruppe bereits über diese Ideen nachgedacht hat.
- Den Moderationsprozess der Gruppe für neue Leute transparent machen, damit sie nicht den Anschluss verlieren, was passiert oder besprochen wird.

- Sicherstellen, dass ein Gruppenmitglied das erste Plenum einer neuen Person gemeinsam mit ihr nachbereitet, um festzustellen, ob sie Fragen hat, wie sie gern bei der Arbeit einsteigen würde und ob die Gruppe etwas tun kann, damit sie sich noch willkommener fühlt.
- TOPs und Aktivitäten bei Plena aussuchen, die dafür geeignet sind, neuen Leuten Orientierung zu verschaffen – manche detaillierte Gruppendiskussionen sind für Neulinge womöglich nicht sehr zugänglich.
- Neuen Leuten helfen, so bald wie möglich eine klare Rolle oder Aufgabe zu übernehmen, damit sie sich als Teil der Sache fühlen.

Es ist schmerzhaft in unseren derzeit unterentwickelten, unterbesetzten und unterversorgten Bewegungen, dass wir manchmal erschöpft von all der Arbeit sind und dass wir manchmal verbittert sind, dass sich nicht mehr Menschen engagieren. Wenn wir neuen Leuten erschöpft und verbittert begegnen, schaffen wir es kaum, es unwiderstehlich zu machen, bei unserer Gruppe teilzunehmen. Unsere Plena offen, unterhaltsam, herzlich und empowernd zu gestalten; Platz für die Menschen zu schaffen, ihre Wut und ihre Trauer für unsere Kernthemen zu spüren; Fürsorge und Verbundenheit untereinander zu kultivieren – all das stärkt die Gruppe, macht langfristiges Arbeiten möglich und fördert außerdem noch das Wohlbefinden aller Teilnehm*erinnen.

Führungsqualitäten, die das Füreinander und die Zusammenarbeit fördern

Um starke, ausdauernde Soli-Projekte zu schaffen, müssen wir auch die Vorstellungen über »Führung« abstreifen, die uns von einer rassistischen, kolonialen und patriarchalen Gesellschaft mitgegeben wurden. In diesen Vorstellungen geht es meist um Individualität, Wettbewerb und Dominanz. Wir stellen uns Anführ*erinnen oft als Menschen mit Mikro im Rampenlicht vor. Um viel zu erreichen, brauchen wir Gruppen ohne Anführ*erinnen, aber mit vielen Führenden. Das bedeutet, dass wir viele, viele Menschen dabeihaben wollen, die allesamt Fertigkeiten erlernen, die dabei helfen, die Arbeit zu machen und neue Leute an Bord zu holen. Wir wollen Transparenz in unseren Gruppen, damit unsere Geg*nerinnen keine Chance haben, unsere Arbeit null und nichtig zu machen, indem sie nur eine Person aus dem Weg schaffen oder für sich vereinnahmen. Wir wollen, dass alle die Stärke und die Fähigkeiten haben, zu führen. Die folgende Tabelle kann ein Werkzeug für Einzelne und Gruppen darstellen, zu reflektieren, was uns über Führung beigebracht wurde, und wie wir das Konzept für uns selbst neu definieren können.

Werkzeug 8. Führungsqualitäten

DOMINIEREND FÜHREN	KOOPERATIV FÜHREN
»Erfolg« ist dadurch definiert, andere zu dominieren oder Entscheid*erin zu sein	Fördert Prozesse des Entscheidens, die alle einbeziehen, die von der Entscheidung betroffen sind
Friss-oder-stirb-Haltung	Möchte wissen, wie es anderen geht, was sie brauchen oder woran sie glauben, was sie wollen
Selbstbegünstigend, selbstdarstellend	Darauf aus, vielen Menschen zu helfen Führungsfertigkeiten zu entwickeln und das Rampenlicht zu teilen; fähig einzuschätzen, wenn Dinge unter dem Radar passieren sollten, statt nach Aufmerksamkeit zu heischen
Damit beschäftigt, den Ruf zu wahren, die »beste« oder die »richtige« Außenwirkung zu haben	Bereit, Fehler einzugestehen
Arrogant und überheblich	Bescheiden und würdevoll
Gut im Reden und Kommandieren	Gut im Kommunizieren, teilen und zuhören
Erlangt die Unterstützung anderer durch Status, Angst oder weil die Person von anderen als die mächtigste wahrgenommen wird	Erlangt die Unterstützung anderer dadurch, sie zu unterstützen, beständig zu sein, vertrauenswürdig
Immer sicher, Recht zu haben	Offen für Einflüsse und dafür, die Meinung zu ändern

DOMINIEREND FÜHREN	KOOPERATIV FÜHREN
Um den Ruf der Gruppe bei Medien oder Eliten besorgt	Um den materiellen Einfluss der Gruppe besorgt – verringert sie das Leid und schafft sie mehr Gerechtigkeit?
Fördert Wettbewerb in der Gruppe	Fördert Mitgefühl und den Wunsch, dass kein Mensch aus der Gruppe ausgeschlossen ist
Neuen Leuten gegenüber misstrauisch	Großzügig und offen für neue Leute, gleichzeitig klare Prinzipien und Grenzen
Impulsiv – Pläne ändern sich je nach Laune	Bleibt bei dem Ziel der Gruppe und dem, was sie entschieden hat; verlässlich
Wertend und schnell dabei, Leute auszuschließen, die anders sind oder die widersprechen	Lässt zu, dass die Menschen auf viele Weisen unterschiedlich sind; erkennt Potenzial darin, wenn Menschen für den Wandel mitarbeiten, und hilft ihnen Wissen und Fertigkeiten zu erlangen
Selbstwahrnehmung speist sich aus dem Status	Nimmt sich selbst an und hat eine beständige Selbstwahrnehmung, ist somit fähig Risiken einzugehen und unpopuläre Meinungen zu vertreten
Interessiert sich am meisten dafür, was Eliten denken	Interessiert sich am meisten dafür, was diejenigen am unteren Ende der Hierarchien denken und wissen; arbeitet daran, Authentizität zu kultivieren
Muss im Mittelpunkt der Aufmerksamkeit stehen	Hält es aus, im Mittelpunkt zu sein; kann in den Hintergrund rücken, damit andere im Mittelpunkt sein können

DOMINIEREND FÜHREN	KOOPERATIV FÜHREN
Sagt Menschen, was zu tun ist	Vermeidet es, Ratschläge zu geben, ohne gefragt zu werden; daran interessiert, Menschen zu unterstützen sich ihren Werten entsprechend zu entscheiden
Auf unmittelbare Erfolge aus, auch zum Preis großer Kompromisse	Denkt langfristig und bleibt bei Werten
Gibt erniedrigendes Feedback oder gibt gar kein Feedback; redet hinter dem Rücken, anstatt direkt zu kommunizieren	Gibt direktes Feedback auf mitfühlende Weise
Defensiv, nicht offen für Feedback	Offen für Feedback, an der eigenen Wirkung auf andere interessiert
Kontrolle, Mikromanagement	Kann delegieren, um Hilfe bitten; will, dass mehr Menschen partizipieren, anstatt mehr selbst zu kontrollieren
Ergebnisorientiert	Unterstützt auf aufrichtige Weise Prozesse, die dazu führen, dass mehr Menschen mitentscheiden können
Darauf aus, sich wohlzufühlen, sogar auf Kosten des Wohlbefindens anderer	Daran interessiert, was vom Unbehagen gelernt werden kann, davon Rollen zu wechseln, fehl am Platz zu sein, davon, dass die Umstände sich verändern

Wie diese Tabelle genutzt werden kann:

- Schreibt oder sprecht in eurer Gruppe darüber, was in diesen Listen fehlt.
- Markiert die Eigenschaften, die ihr bei euch selbst wahrnehmt, die ihr kultivieren und wachsen lassen wollt. Was könnte ihnen helfen zu wachsen?
- Markiert die Eigenschaften, die ihr bei euch selbst wahrnehmt, die euch daran hindern, kooperativ zu führen oder die nicht zu euren Werten passen. Wo habt ihr diese Eigenschaften gelernt? Was haben sie euch gebracht? Wie standen sie dem, was ihr wollt oder an das ihr glaubt, im Wege? Was kann helfen, euch mehr in Einklang mit euren Werten zu bringen?
- Achtet auf die Eigenschaften, die in euren Gruppen verbreitet sind. Was kann helfen, die Eigenschaften zu kultivieren, die ihr für hilfreich haltet? Was hilft gegen diejenigen, die schädlich sind?

Eine Warnung davor, nur auf den guten Ruf aus zu sein

Die Sozialen Medien bestärken uns darin, Individual*istinnen zu sein, und befördern, dass wir unseren Aktivismus und unsere politisch »richtige« Haltung zu einer Art Marke machen. Unternehmen wie Meta (dazu gehören Facebook und Instagram) oder Twitter wollen, dass wir so viel Zeit wie möglich damit verbringen, kostenlosen Content für sie zu produzieren, und wir den Drang verspüren, auf ihren Plattformen Bestätigung zu erhalten. All das kann dazu führen, dass uns wichtiger ist so wahrgenommen zu werden, als täten wir Dinge, anstatt sie tatsächlich zu tun. Solidarisch füreinander zu sorgen ist häufig sehr alltäglich, manchmal langweilig und oft schwierig. Um zu einem früheren Beispiel zurückzukehren: Alle wollen ein Selfie mit Angela Davis posten, aber viele Menschen wollen sich nicht die Zeit nehmen, Gefangene zu besuchen, Menschen vor Gericht zu begleiten, im Wartebereich von Sozialbehörden zu sitzen, Briefe an Menschen in Einzelhaft zu schreiben, älteren Nach*barinnen die Einkäufe zu bringen oder sich viele Stunden im Plenum damit zu beschäftigen, die Versorgung für bedürftige Menschen zu organisieren.

Wenn wir unsere Selbstwahrnehmung aus unserem Ruf, Status oder der Anerkennung irgendwelcher Fremder ziehen, haben wir ein echtes Problem. Es ist schwierig, bei unseren Prinzipien zu bleiben und andere gut zu behandeln, wenn wir auf Lob und Aufmerksamkeit aus sind. Wenn wir Anführen neu definieren wollen, abseits von Individualismus, Wettbewerb und gesellschaftlichem Aufstieg, dann müssen wir Menschen sein, denen ihre Rolle als Teil des großen Ganzen wichtig ist. Das bedeutet, materialistische Selbstliebe hinter sich zu lassen. Die ist ja oft sehr selbstkritisch: »Wenn ich mich nur richtig anziehe und style, wenn ich die Anerkennung der anderen habe, wenn ich berühmt bin, dann wird's mir auch gut gehen, dann habe ich es endlich verdient, geliebt zu werden.« Damit geht einher, die Überzeugung zu entwickeln, dass alle Menschen, auch wir selbst, Würde, Zugehörigkeit und Sicherheit verdienen, einfach nur weil wir leben. Es bedeutet, den Wunsch zu kultivieren, ganz wunderbar gewöhnlich zu sein, genau wie alle anderen. Es bedeutet, sich darin zu üben, nicht etwas Besonderes zu sein. Anstelle eines Traums von Reichtum und Ruhm, also dem, was der Kapitalismus uns als Lebensziel verkauft, kultivieren wir die Idee davon, dass alle haben, was sie brauchen, und dass sie der Schönheit ihres Lebens kreativ Ausdruck verleihen können.

Es wird uns ein Leben lang beschäftigen, das alles neu zu erlernen. Wir alle wurden von Systemen geformt, die uns verunsichern, die uns nach Anerkennung streben lassen, die Individualismus hochhalten und uns manchmal oberflächlich sein lassen. Doch wir alle haben auch den zutiefst menschlichen Wunsch danach, uns mit anderen zu verbinden, dazu beizutragen, dass das Leid in der Welt weniger wird, und wahrgenommen und geliebt zu werden von denen, die uns wirklich kennen und die wir lieben. In solidarischen Gruppen können wir die erlernten individualistischen Instinkte und Antriebe bewusst wahrnehmen und verlernen. Hier können wir uns entscheiden, füreinander und fürsorglich für die Sache zu handeln.

Mit Geld umgehen

Wie wir mit Geld umgehen, kann eines der konfliktreichsten Themen in unseren Gruppen sein. Deswegen ist es sinnvoll, wenn eine Gruppe sorgfältig abwägt, ob Geld etwas ist, mit dem sie überhaupt zu tun haben will. Manche Gruppen können ihre Arbeit ganz ohne Geld machen. Manche Gruppen können ihre Arbeit machen, wenn sie gerade ausreichend Geld durch Spendenaktionen in ihren Communitys sammeln, also kleine Spenden von vielen Menschen annehmen. Diese Art von Finanzierung kann das Problem umschiffen, dass Stiftungen Geldmittel oft an Bedingungen knüpfen und versuchen, die Arbeit der Gruppe mitzusteuern. Graswurzel-Finanzierung kann helfen ein Gefühl dafür zu entwickeln, dass die Community die Organisation steuert und nicht irgendwelche wohlhabenden Geldgeb*erinnen. Graswurzel-Finanzierung kann auch eine Möglichkeit sein, die politischen Ansichten der Gruppe in der Öffentlichkeit bekannter zu machen und ein Bewusstsein für die Probleme zu schaffen, an denen die Gruppe arbeitet. Aber auch wenn das Geld nur aus der Community fließt, mit ihm umzugehen bleibt sehr schwierig.

Geld bringt logistische Probleme mit sich, die stressig und zeitraubend sein können. Wir müssen uns zum Beispiel damit beschäftigen, wie wir fair und transparent mit dem Geld umgehen können und wie wir Probleme mit den Finanzbehörden vermeiden können, damit keine Teilnehm*erinnen in rechtliche Schwierigkeiten geraten. Hinzukommt, dass die meisten Menschen in unserer Gesellschaft eine komplizierte und schmerzhafte Beziehung zu Geld haben. Wir hüllen das Thema oft in Schweigen, sind beschämt und verzweifelt, wenn es darum geht, und verhalten uns entsprechend. Deswegen benehmen sich viele sonst großartige Menschen daneben, wenn es um Geld geht, oder beobachten das Verhalten der anderen misstrauisch.

Doch manche Gruppen würden gern die Leute bezahlen können, die die Arbeit machen. Wenn Gruppen kein bezahltes Personal haben, kann es herausfordernd sein, die Dinge zu tun, die während üblicher Arbeitszeiten stattfinden müssen, wie Menschen zu Gerichtsverhandlungen oder zu Sozialbehörden zu begleiten. Personal kann da helfen, weil es unsere Kapazitäten erhöht. Aber es ist sinnvoll, die Herausforderungen abzuwägen, die bezahltes Personal mit sich bringt. Wenn Gruppen, die bisher komplett auf freiwilliger Basis gearbeitet haben, Geld bekommen, um Personal zu bezahlen, steigt die Gefahr, dass sie sich institutionalisieren oder bei Geldgeb*erinnen anbiedern. Jetzt steht natürlich der Lebensunterhalt von Menschen auf dem Spiel, wenn die Gruppe das Wohlwollen der Geldgeb*erinnen verliert. Gruppen können also ihre Unabhängigkeit einbüßen. Sie könnten sich gezwungen fühlen, ihre Arbeit auf Projekte auszurichten, die für sie finanziell vorteilhaft sind. Oder sie müssen wertvolle Zeit dafür aufwenden, ihre Arbeit zu dokumentieren und Rechenschaftsberichte für die Geldgeb*erinnen zu erstellen, anstatt die Arbeit zu machen, die sie für am effektivsten halten.

Um Finanzierung zu bekommen, registrieren sich manche Gruppen als Non-Profits oder gehen Kooperationen mit Non-Profits ein, damit sie Fördergelder erhalten oder Spenden steuerlich geltend machen können. Die Kehrseite davon ist aber, dass so etwas Knowhow in Sachen Finanzüberwachung und Verwaltung erfordert. Ein Non-Profit zu werden, bündelt manchmal die Macht bei den Menschen, die mehr Zugang zu diesem Wissen und diesen Systemen haben: *weiße* Menschen, Menschen mit formellerer Ausbildung, Menschen mit Berufserfahrung. Das gilt natürlich besonders dann, wenn dieses Wissen vorausgesetzt wird, um eingestellt zu werden. Möglicherweise werden nun auch die Behörden aufmerksamer auf die Gruppe, sie ist ja nun ein Non-Profit. Oder die Geldgeb*erinnen beobachten sie viel genauer. Beides kann eine Kultur der Ängstlichkeit oder Risikoscheue befördern. Außerdem haben Gruppen, die von Geldgeb*erinnen abhängig sind, einen Anreiz, Siege zu verkünden, die keine sind, oder ewig Strategien anzuhaften, die ihnen in der Vergangenheit Geldmittel eingebracht haben, auch wenn diese Strategien ihren Zweck für die Sache nicht mehr erfüllen. Dieses Problem können wir häufig im Non-Profit-Sektor beobachten: Eine Organisation behauptet, für die Bedürfnisse einer Bevölkerungsgruppe einzustehen, arbeitet tatsächlich aber nur für einen kleinen Teil dieser Gruppe. Dennoch ist die öffentliche Wahrnehmung, dass die das schon im Griff haben. Das verhindert, dass neue Organisationen entstehen, die sich wirklich den Bedürfnissen der ganzen Bevölkerungsgruppe widmen. Wenn Gruppen auf freiwilliger Basis arbeiten, gestehen die Menschen eher ihre Grenzen ein und werfen schlechte Ideen eher über den Haufen, denn sie ziehen ihre Motivation aus der Sache, nicht aus der Anerkennung der Eliten.

Eine weitere Schwierigkeit in Gruppen mit bezahltem Personal zeigt sich darin, dass unbezahlte Freiwillige von der eingestellten Person oder dem wenigen Personal vielleicht plötzlich erwarten, dass sie die *ganze* Arbeit erledigen, und dass manche Freiwillige aussteigen (insbesondere, wenn sie sich schon überarbeitet gefühlt haben, bevor es bezahlte Stellen gab). Das kann bedrohlich werden: Gruppen verlieren Kapazitäten, werden nur vom wenigen Personal geleitet, und dieses Personal ist schnell ausgezehrt und überlastet. Das kann auch den Grundstein dafür legen, dass das Personal unfairer Kritik ausgesetzt ist und für »Versag*erinnen« gehalten wird, weil es mit Verantwortlichkeiten völlig überladen ist. Diese Dynamik kann sich zu einer besonders grausamen Angelegenheit in Gruppen zuspitzen, die Menschen aus den am stärksten betroffenen Communitys einstellen. Denn das sind ja häufig auch die Menschen, mit den wenigsten formalen Arbeitserfahrungen in Berufskontexten.

Sicherlich gibt es gute Gründe für Finanzierung und für bezahlte Stellen. Doch beide Schritte sollten nur mit Bedacht getan werden. Wir müssen uns darauf fokussieren, transparente und verantwortungsvolle Systeme in Bezug auf Geld und auf das Entscheiden aufzubauen. Mindestens zwei Leute sollten immer zusammen daran arbeiten, die Finanzen zu überwachen, um Diebstahl vorzubeugen. Es sollte allen Teilnehm*erinnen der Gruppe verständlich sein, woher das Geld kommt und wofür es ausgegeben wird. Maßgeblich für Letzteres sollten immer die Gruppenwerte sein. Zum Beispiel sollte die Gruppe sicherstellen, dass das Personal fair und gleich bezahlt wird, und nicht basierend auf Privilegien, die mit einer offiziellen Berufsqualifikation einhergehen. Die Gruppe sollte auch darauf achten, dass die Menschen nicht gedrängt werden, sich zu überarbeiten. Prozesse müssen klar und transparent finanziert und geplant werden, sodass alle Beteiligten sie verstehen können, auch diejenigen ohne vorherige Erfahrung mit solchen Prozessen. Dann können sich alle einbringen und gemeinsam entscheiden. So kann verhindert werden, dass die Gruppe auf das bezahlte Personal zusammenschrumpft, zu klein wird, die Kraft verliert mobilzumachen und Relevanz einbüßt. Je mehr die Menschen in der Gruppe sich den Gefahren der Institutionalisierung und der philanthropischen Kontrolle bewusst sind, desto eher bleibt die Gruppe ihrer Sache und ihren Prinzipien treu, wenn sie mit Geld umgeht.

Burn-out

Viele Menschen nennen ein Burn-out als Grund, weshalb sie Soli-Gruppen wieder verlassen. Ein Burn-out, oder sich ausgebrannt zu fühlen, ist mehr als erschöpft von zu schwerer Arbeit zu sein. Die meisten Menschen, die ich kennenlerne, die sich als ausgebrannt bezeichnen, haben einen schmerzhaften Konflikt in ihrer Gruppe durchgemacht und dann aufgehört, weil sie verletzt waren und unzufrieden damit, wie die Dinge gelaufen sind. Ein Burn-out ist eine Kombination daraus, verbittert zu sein, erschöpft, beschämt und frustriert. Es lässt uns die Verbindung zur Freude und Leidenschaft beim Arbeiten verlieren. Stattdessen werden wir mit einer Reihe schwieriger Empfindungen konfrontiert. Wir versuchen das, was uns belastet, zu meiden oder zu kontrollieren, Beklemmung und Ängstlichkeit übernimmt und wir fühlen uns zur Arbeit gezwungen. Ginge es nur um körperliche Erschöpfung, würden wir eine Pause machen können, uns ausruhen und zur Arbeit zurückkehren. Doch Menschen, die sich ausgebrannt fühlen, empfinden es häufig so, als könnten sie nicht zurückkehren oder als sei ihre Gruppe oder ihre Arbeit toxisch.

Sich so zu fühlen oder zu verhalten sind durchaus angemessene Reaktionen auf die Bedingungen, unter denen wir unsere Arbeit machen. Wir sind durchdrungen von einer kapitalistischen, patriarchalen Kultur, einer Kultur, die *weißen* Menschen Vorherrschaft und Überlegenheit zuspricht, die uns ermutigt, miteinander zu konkurrieren, einander zu misstrauen, Eigentum anzuhäufen, uns zu verstecken, uns abzukoppeln und unsere Werte darauf zu beschränken, wie andere uns sehen und was wir produzieren. Immer wieder fehlt es uns beim Arbeiten an Ressourcen. Viele von uns steigen in die Soli-Arbeit ein, weil wir selbst Armut oder Gewalt erfahren haben. Deswegen öffnet die Arbeit so häufig alte Wunden und triggert unsere alten Überlebensstrategien. Wir machen mit, um uns und die Welt zu heilen, aber oft arbeiten wir so, dass wir uns selbst nicht guttun und gar nicht ausschöpfen können, was wir eigentlich zum Widerstand beitragen könnten. Wenn unsere Gruppen sich nur darauf konzentrieren, die Dinge »da draußen« anzupacken, bleibt selten Raum dafür, wie wir uns eigentlich fühlen, und dafür, uns einzugestehen, dass wir vielleicht gar nicht wissen, wie wir uns mit unseren Rollen »hier drin« zurechtfinden sollen.

Ein Burn-out entsteht oder wird verschlimmert, wenn wir uns von anderen getrennt und entfernt fühlen, schlecht behandelt, missverstanden, beschämt, überlastet, wenn wir von Ergebnissen besessen sind, wenn wir perfektionistisch sind und alles kontrollieren wollen. Wir können einem Burn-out vorbeugen und es abmildern, wenn wir uns mit anderen verbunden fühlen; wenn transparent ist, wie wir miteinander arbeiten; wenn wir uns dann, wenn wir es brauchen, ausruhen können; wenn wir uns von der Gruppe wertgeschätzt fühlen; und wenn wir die Fähigkeit haben, Feedback sowohl zu geben als auch zu erhalten. Es gibt eine Reihe von Dingen, die Gruppen tun können, um ein Miteinander zu kultivieren, das Burn-out vermeidet, reduziert oder darauf reagiert. Es gibt auch Dinge, die Einzelne tun können, die sich ausgebrannt fühlen. Bevor Menschen mit Burn-out Gruppen verlassen, entsteht in der Gruppe häufig viel Durcheinander und es geht viel zu Bruch. Dieser Abschnitt zeigt also auch, wie wir den Schaden begrenzen können, der mit ausgebrannten oder überarbeiteten Menschen in der Gruppe entstehen kann. Sich darum zu bemühen, eine ausgewogenere Beziehung zum Arbeiten und zum Überarbeiten zu entwickelt, ist für den einzelnen Menschen heilsam, aber es dient auch der kollektiven Verantwortung für die Gruppe.

Zeichen von Überarbeitung und Burn-out

- Es stresst uns, daran zu denken, dass Aufgaben von anderen ausgeführt werden, die es anders machen könnten, oder dass die Gruppe sich anders entscheiden könnte, als wir es tun würden.
- Wir fühlen uns verbittert: »Ich habe am meisten für die Gruppe getan«, oder: »Ich arbeite härter als alle anderen.« Das kann auch beinhalten, eine schädliche Gruppenkultur des Wettstreits zu schaffen, welche Menschen nun am meisten und schwersten arbeiten.
- Wir respektieren Gruppenentscheidungen und -prozesse nicht, weil wir uns als Gründ*erin oder Person, die am meisten arbeitet, über den Prozess erhaben fühlen.
- Wir hegen Konkurrenzgefühle gegenüber anderen Gruppen, die politisch auf unserer Linie sind, oder gegenüber anderen Themen oder Aktiv*istinnen, die mehr Unterstützung zu erhalten scheinen.
- Wir fühlen uns als Märtyr*erin.

- Wir wollen Aufgaben oder Verantwortung übernehmen, damit wir als »wichtig« für die Gruppe zu gelten oder um zu kontrollieren, wohin der Weg geht.
- Wir fühlen uns erdrückt, depressiv und/oder haben Angstgefühle.
- Wir fühlen uns, als hätten wir keine Wahl, als müssten wir in jedem Fall die ganze Arbeit machen, sehen keine Möglichkeit weniger zu arbeiten oder weniger Verantwortung zu übernehmen.
- Wir sind unfähig, anderen Menschen Führungsrollen zu überlassen.
- Wir bunkern Informationen und wichtige Kontakte, damit andere nicht auf dasselbe Führungslevel wie wir aufsteigen können (dieses Verhalten wird meist irgendwie fadenscheinig gerechtfertigt).
- Wir haben das Gefühl, es ginge um Leben und Tod: »Es *muss* auf meine Weise gemacht werden.« In einer extremen Ausprägung sabotieren Führungspersonen die Gruppe oder das Projekt möglicherweise sogar, anstatt einzusehen, dass es Zeit sein könnte, durchzuatmen und die Führungsrolle für eine Weile niederzulegen.
- Wir sind sehr misstrauisch gegenüber anderen in der Gruppe oder anderen Menschen, die ähnliche Arbeit machen. Wir fühlen uns allein: »Ich gegen Mitglieder der Gruppe / Mitglieder anderer Gruppen / alle.«
- Wir versprechen zu viel und liefern zu wenig ab, was sich letztlich anfühlen kann, als wären wir Hoch-

stap*lerinnen. Es kann auch Panik auslösen, dass wir mit unserer Arbeit so weit hinterher zu sein scheinen.

- Ein Gefühl, dass es an allem mangelt, bestimmt, wie wir entscheiden: »Wir haben nicht genug Geld/Zeit/Aufmerksamkeit.«
- Die Arbeit wird grenzenlos – wir arbeiten andauernd, während der Mahlzeiten, gleich nach dem Aufstehen und direkt vor dem Einschlafen, zu Zeiten, die eigentlich für unsere Freun*dinnen und Familie gedacht waren. Wir wissen nicht, wie wir Dinge, die nicht Arbeit sind, tun sollen. Wir haben im Urlaub oder an freien Tagen keinen Spaß und können uns nicht entspannen.
- Wir werten den Gruppenprozess herab und überbewerten, wie die Gruppe von außen wahrgenommen wird, zum Beispiel von Geldgeb*erinnen, Eliten und anderen.
- Wir sind unzuverlässig und nicht gewissenhaft.
- Wir werden wegen all der obengenannten Dinge schnell defensiv und lehnen Kritik ab. »Ich mache so viel, ich gebe mir so viel Mühe. Und jetzt kritisierst du mich? Was soll ich denn noch alles tun!?«
- Wir schämen uns dafür, uns so zu fühlen, wie hier beschrieben.

Insbesondere wenn wir gestresst oder überlastet sind, kann es dann auch passieren, dass wir auf verinnerlichte ausweichende Haltungen und Verhaltensweisen zurückfallen, die unseren Prinzipien widersprechen. Das können Verhaltensweisen sein, die wir aus der dominanten Kultur gelernt haben, und auch die Rollen, die wir in unserer Familie erlernt haben. Wenn wir gestresst und überarbeitet sind, kann sich so etwas auf schädliche Weise zeigen. Vielleicht missbrauchen oder behindern wir Gruppenprozesse, lassen die Arbeit einfach so liegen, handeln, als wären wir etwas Besseres oder aus einer Dominanzhaltung heraus, die sich aus Gender, Rassifizierung, körperlicher Verfasstheit und Fähigkeiten, Gesellschaftsschicht oder Bildungsgrad speist.

Wie können Gruppen Überarbeitung und Burn-out vorbeugen, was können sie dagegen tun?

In Soli-Gruppen passiert es leider ständig, dass Menschen sich überarbeiten. Doch es hilft nichts, wenn wir uns für unsere Überlastung schämen, wenn wir uns und anderen Vorwürfe machen. Besser ist es, wenn wir uns das Burn-out stattdessen ehrlich eingestehen, denn dann können wir dazu beitragen, dass die Dinge sich zum Besseren wenden. Es ist schwierig, eine andere Person auf schädliches Verhalten anzusprechen. Und es ist schwierig, auf schädliches Verhalten angesprochen zu werden und anzunehmen, was gesagt wird. Daran ändern die folgenden Vorschläge nichts, aber sie können Einzelnen oder Gruppen helfen, konkrete Schritte zu ergreifen, um sich den Problemen zu widmen.

1. Interne Probleme mit höchster Priorität behandeln. Die Gruppe wird an ihren wichtigen Projekten scheitern, wenn sie im Innern zerfällt. Sie kann ihre Arbeit nicht gut machen, wenn sie verspricht Dinge zu tun, für die ihr aber die Kapazitäten fehlen. Gruppeninterne Probleme können nicht aufgeschoben werden, denn die Gruppe wird das große Ziel, für das sie sich einsetzt, wahrscheinlich nicht in der unmittelbaren Zukunft erreichen. Das heißt nicht, dass die Gruppe ganz aufhören soll an ihren Projekten zu arbeiten. Es kann aber heißen, sich erst einmal gegen neue Projekte und Verpflichtungen zu entscheiden, damit die Situation in der Gruppe sich nicht verschärft, und damit die Teilnehm*erinnen sich Zeit nehmen können, an den internen Problemen zu arbeiten.

Gruppen, die mit internen Problemen zu tun haben, können auf verschiedene Ressourcen zurückgreifen:

- Kurse im Moderieren von Plena, im Entscheiden, im Konsensprinzip, im aktiven Zuhören, darin direktes Feedback zu geben und zu erhalten.
- Moderierte Diskussionen und Kurse dazu, wie Rassismus, Ableismus, Sexismus, Feindlichkeit gegenüber homosexuellen und trans* Menschen, Klassismus und andere Zuschreibungs- und Kontrollsysteme die Gruppenentwicklung und die Gruppenkultur beeinflussen, und wie das geändert werden kann.
- Gruppentätigkeiten kollektiv planen, damit allen Teilnehm*erinnen klar ist, was die Prioritäten sind, und damit alle wissen, was gemeinsam getan wird und was nicht.

- Arbeitspläne für AGs und/oder Einzelne schaffen, um herauszufinden, wie Arbeit fair verteilt werden kann, um die Arbeitslast zu bemessen und um die Arbeitsschritte so zu planen, dass sie in einer angemessenen Geschwindigkeit erledigt werden können.
- Konfliktmediation zwischen bestimmten Menschen oder Gruppen mit einer Mediationsperson, die die Werte der Gruppe versteht, und der die Konfliktparteien vertrauen und/oder die sie als relativ neutral empfinden.
- Transparenz in der Gruppe aufbauen, sodass die einen wissen, was die anderen tun, und damit verbündete Gruppen, die ähnliche oder verwandte Arbeit machen, wissen, was die eigene Gruppe tut.
- Regelmäßige Gespräche einplanen, in denen die Menschen voneinander erfahren, was in der Gruppendynamik gut läuft und woran gearbeitet werden muss; oder in denen die Menschen besprechen können, welche Aspekte ihrer Rolle in der Gruppe ihnen Probleme oder Sorgen bereitet, und in denen sie um Unterstützung bitten können.

2. Sicherstellen, dass neue Leute willkommen sind und lernen, die Gruppe mitzugestalten. Das heißt, dass neue Leute die gesamten Grundlagen der Gruppentätigkeiten gezeigt bekommen, dass sie die Bitte verstehen, an allem Entscheiden voll und ganz zu partizipieren, und dass sie den Raum haben, alles zu erfragen, was sie wissen müssen, um partizipieren zu können. Sicherzustellen, dass alle das bekommen, was es braucht, um mitzugestalten, ist essenziell dafür, eine hierarchielose Führung durch alle Teilnehm*erinnen zu schaffen. Gruppenmitglieder und Gruppen als Ganzes haben es besser, wenn viele Menschen gemeinsam führen, nicht nur einer oder zwei.

3. Mechanismen einrichten, um die Arbeitslast zu messen und zu reduzieren. Wie viele Stunden arbeiten die einzelnen Teilnehm*erinnen? Mehr als was sie leisten können, ohne ihr eigenes Wohlbefinden zu gefährden? Schreiben sie ihre Arbeitsstunden pro Woche eigentlich auf, damit sie auch wirklich wissen, wie viel sie arbeiten? Berechnet die Arbeitslast und reduziert dann Projekte so weit, dass ihr sie unter Kontrolle bekommt. Legt einen Stopp ein für neue Projekte, bis die Kapazitäten größer sind. Setzt den Stopp durch – keine einzelne Person darf neue Arbeit annehmen, weder für die Gruppe noch für sich selbst als Gruppenmitglied.

4. Eine Kultur der Verbundenheit schaffen. Wie kann die Plenumskultur der Gruppe Wohlergehen, Wohlwollen und Verbundenheit zwischen Teilnehm*erinnen befördern? Vielleicht fühlt es sich zuerst albern an, für Mahlzeiten zusammenzukommen, Fragerunden zu starten zum Lieblingsessen der Menschen, ihren Lieblingspflanzen und Lieblingsfilmen oder den Momenten in ihrem Leben, die sie politisiert haben. Doch so etwas macht einen großen Unterschied. Eine Gruppenkultur zu haben, die aufmerksam für das Wohlbefinden der Teilnehm*erinnen ist, bedeutet, ihnen zu helfen, als mehrdimensionale Menschen da zu sein, nicht bloß als Aktivismusmaschinen. Die Menschen müssen Beziehungen aufbauen, die tief genug sind, um tatsächlich über mögliche schwierige Dynamiken sprechen zu können, sonst werden diese Dynamiken in der Gruppe vor sich hin gären.

5. Sicherstellen, dass die Plenumsmoderation durchwechselt, ebenso wie das Schreiben der Tagesordnung und andere zentrale Führungsaufgaben. Aufgaben reihum abzuwechseln, kann dabei unterstützen, uns mit unfair verteilter Arbeitslast und Sorgen zur Transparenz in der Gruppe auseinanderzusetzen. Dabei kann es helfen sicherzustellen, dass alle darin geübt sind, Plena so zu moderieren, dass so viele Gruppenmitglieder wie möglich partizipieren können. Immer wenn die Gefahr besteht, dass ein paar wenige Personen ein wichtiges Gespräch dominieren, macht lieber eine Runde mit allen, anstatt nur diejenigen sprechen zu lassen, die sich von selbst zu Wort melden. Es kann die Dynamik wirklich verändern, wenn auch ruhigere Teilnehm*erinnen zu Wort kommen.

6. Nehmt als Gruppe wahr, welche Umstände befördern, dass manche sich überarbeiten. Daran ist nie eine einzelne Person schuld, und vielleicht fühlen sich alle aus unterschiedlichen Gründen unter Druck. Führt ein oder mehrere moderierte Gespräche darüber, was euch unter Druck setzt und welche Dynamiken dazu führen, dass Menschen sich überarbeiten, oder dazu, dass eine einzelne Person sich dominierend verhält oder zwischendurch einfach verschwindet. Schafft eine gemeinsame Sprache dafür, weshalb ihr unter Druck steht, damit ihr ihn einfacher benennen und ihm euch in der Zukunft besser widmen könnt.

Was Einzelne brauchen, die überarbeitet sind oder ein Burn-out erleben

Zusätzlich dazu, als Gruppe Lösungsansätze für Burn-out zu schaffen, können wir auch in unserem eigenen Leben handeln, wenn wir feststellen, dass wir überarbeitet oder ausgebrannt sind. Dazu ist es einerseits nötig, dass wir daran arbeiten, unser eigenes Verhalten zu ändern. Andererseits müssen wir bereit sein zu erforschen, was eigentlich unsere persönlichen Gründe dafür sind, dass wir uns übernehmen, dass wir Kontrolle an uns reißen, dass wir zu viel arbeiten oder dass wir uns von den anderen abkoppeln. Diese Heilungsarbeit soll helfen, dass es uns so gut geht, dass wir unsere Arbeit in der Gruppe gern machen. Sie soll uns dabei unterstützen, dass wir ausdauernd und ein Leben lang zu der Bewegung beitragen können, die uns wichtig ist. Und sie soll uns helfen, dass uns die Liebe und die Veränderung zuteilwird, die in Gemeinschaften des Widerstands möglich sind. Vor allem aber müssen wir behutsam mit uns selbst sein. Wir sollten vermeiden zu werten, erkennen, wie unsere Sozialisierung dazu beiträgt, dass wir uns überarbeiten, und geduldig und bescheiden damit experimentieren, auf neue Weisen in der Welt zu sein.

Menschen, die zwanghaft arbeiten, sich überarbeiten oder alles kontrollieren wollen, kann es vielleicht helfen, ihre Bedürfnisse auf die folgenden Weisen zu verstehen:

- Ich brauche vertraute Freun*dinnen, mit denen ich darüber sprechen kann, was bei mir los ist, die ich um ehrliches Feedback zu meinem Verhalten bitten kann und die mich unterstützen und beruhigen, wenn ich Angst habe, etwas auf eine neue Weise zu tun. Diese Menschen könnten mich beispielsweise daran erinnern, dass eine andere Person im Projekt die Aufgabe zwar anders erledigen würde als ich, was aber gut ist, damit sie ihre eigenen Fähigkeiten verbessern kann. Ich kann die Zeit dann für etwas Heilsames nutzen, das in meinem Leben gefehlt hat. Diese Menschen würden mich vielleicht erinnern, dass es okay ist, nein zu einer Aufgabe oder einem Projekt zu sagen. Diese Freun*dinnen können mir helfen, die Wunden, die unter meiner zwanghaften, kompetitiven oder kontrollierenden Art liegen, mit Liebe zu versorgen. Und sie können mich daran erinnern, dass ich selbst wertvoll bin und dass mein Wert nicht darin liegt, was die Gruppe tut, wie viel ich arbeite oder was andere Menschen von mir denken.

- Ich brauche Menschen, die mich unterstützen, die mich auch auf zwanghafte, kompetitive oder kontrollierende Verhaltensweisen oder Vorstellungen hinweisen, die sie in dem wahrnehmen, was ich sage oder tue. Solches Feedback zu bekommen, kann schwierig sein, aber es ist ein wahres Geschenk.
- Wenn Freun*dinnen und andere in der Gruppe mir ihre Besorgnis mitteilen, muss ich dem Impuls widerstehen, mich zu verteidigen oder die Art und Weise zu kritisieren, wie sie kommuniziert haben.

Dass sie mir Feedback geben – und auch jede Wut, die sie dabei vielleicht zum Ausdruck bringen –, ist wahrscheinlich ein Anzeichen, dass andere mich als Führungsperson wahrnehmen und dass bedeutsam ist, was ich tue. Sie übernehmen die schwierige und unbequeme Aufgabe, eine Sorge anzusprechen, weil sie mich als einflussreiche Person auffassen. Ich kann mir ins Gedächtnis rufen, dass sie mit diesem Feedback, unabhängig davon, wie sie mich ansprechen, in mich und in unsere Arbeit investieren, dass es liebevoll ist. Ich kann mich an eine Vertrauensperson wenden, um zu zweit die schwierigen Gefühle zu verarbeiten, die dieses Feedback hervorbringt. Es ist ganz besonders wichtig zu vermeiden, aus einer defensiven Haltung heraus zu handeln oder eine Opferrolle einzunehmen, wenn ich in einer irgendwie privilegierten Position bin und/oder eine ausgeprägtere Führungsrolle in der Gruppe oder im Projekt einnehme.

- Wenn ich anfange alle zu hassen, mit denen ich zusammenarbeite, oder mich fühle, als würde ich sterben, oder als müsse ich die ganze Nacht aufbleiben und arbeiten – dann geht es vielleicht um etwas Älteres und Tieferliegendes in meinem Leben, nicht um die aktuelle Arbeit / den Arbeitsort / die Gruppe / die Mitarbeit*erinnen. Wenn mein Herz rast, wenn ich mich bedroht fühle, wenn ich mich fühle, als könne ich nicht aus dem Bett aufstehen, wenn ich mich fühle, als könne ich nicht mit der Person reden, um die meine Gedanken kreisen, weil ich sonst ausrasten würde – dann erlebe ich wahrscheinlich Schmerz, der tief in meiner Lebensgeschichte wurzelt. Um aus diesem reaktiven Raum herauszukommen, muss ich Ressourcen dafür aufwenden, die Wurzeln meiner schmerzhaften Reaktionen freizulegen. Ich muss es schaffen, diesen Gefühlen Raum zu geben, ohne mir selbst oder anderen Schaden zuzufügen (auch nicht in Form von Überarbeitung). Der erste Schritt ist zu erkennen, dass meine heftigsten Reaktionen vielleicht gar nicht nur oder nicht in erster Linie mit der unmittelbaren Arbeitssituation zusammenhängen. Ich sollte bereit sein, einen Gang herunterzuschalten, um zu erkunden, was diesen Gefühlen eigentlich zugrunde liegt.

- Ich brauche einen heilenden Pfad für mich selbst, wenn ich Teil davon sein will, die Welt zu heilen. So ein Pfad sieht für alle anders aus. Er könnte Gruppentherapie beinhalten, 12-Schritte-Programme (wie die Anonymen Arbeitssüchtigen), Sport, Körpertherapie, spirituelle Erkundung, Kunst, Gartenarbeit und tiefe Beziehungen aufzubauen mit Familie oder Freun*dinnen. Egal was für mich funktioniert, ich muss mich auf sanfte Weise damit beschäftigen und darauf achten, dass es nicht eine weitere Sache wird, die ich versuche zu perfektionieren oder bei der ich eine

Führungsrolle übernehme. Einen heilenden Pfad zu verfolgen, kann eine Gelegenheit sein, Dinge zu tun, weil sie sich gut anfühlen, nicht um irgendein Ziel zu erreichen.

- Ich muss dabeibleiben. Es kann verlockend sein, komplett aus einer Gruppe zu verschwinden, wenn sie zwischenmenschlich schwierig wird und ich negative Gefühle zu mir selbst und anderen erlebe. Wenn ich mich in Richtung einer ausgeglicheneren Rolle in der Gruppe bewegen möchte, oder sogar ganz aus der Gruppe aussteigen will, muss ich das schrittweise und bewusst tun. Ich muss meine Beziehungen, mein Wissen und meine Fertigkeiten weitergeben und sicherstellen, dass mein Ausstieg so geschieht, dass ich die Menschen dabei unterstütze, die Arbeit fortzuführen.

Konflikte

In Hierarchien zu arbeiten und zu leben, bringt uns nichts darüber bei, mit Konflikten umzugehen. Die meisten von uns vermeiden Konflikte, indem wir uns entweder dem Willen anderer unterwerfen und versuchen gegen den Effekt abzustumpfen, den das auf uns hat, oder indem wir versuchen, anderen unseren Willen aufzudrücken und gegen den Effekt abzustumpfen, den das auf sie hat. Unsere Kultur lehrt uns, dass es riskant ist, direktes Feedback zu geben. Sie lehrt uns, dass wir unsere Sorgen und Anliegen entweder unterdrücken oder Wege finden sollten, wie wir Situationen so manipulieren können, dass wir bekommen, was wir wollen. Wir sind geübt darin, Bestätigung von außen zu suchen, besonders von Menschen mit Autorität, und wir sind häufig kaum fähig, kritisches Feedback entgegenzunehmen, uns damit auseinanderzusetzen und daraus sinnvolle Konsequenzen zu ziehen. Um in unseren verschiedenen Gesellschaftspositionen zu überleben, verinnerlichen wir, wann und wie wir das, was wir fühlen und was wir wahrnehmen, lieber nicht fühlen und wahrnehmen. Wir vermeiden es, Feedback zu geben, wir verkriechen uns, verhalten uns defensiv oder angriffslustig und beleidigend, verlangen beschwichtigende Worte und versuchen selbst zu beschwichtigen. Als Resultat sind wir fast völlig unvorbereitet darauf, Konflikten auf fruchtbare Weise zu begegnen. Stattdessen versuchen wir sie zu vermeiden, bis sie vollständig ausbrechen oder bis Beziehungen deswegen in die Brüche gehen.

Konflikte sind ein normaler Teil aller Gruppen und Beziehungen. Aber viele von uns denken dennoch, ein Konflikt bedeute, irgendetwas stimme nicht – und dann suchen wir nach einer Person, der wir die Schuld geben können. Wenn wir zusammen mit anderen Menschen an etwas arbeiten, dass uns sehr wichtig ist, sind Konflikte aber schon allein deshalb unausweichlich, weil für unser Empfinden so viel auf dem Spiel steht. Solche Konflikte werden dann wahrscheinlich Wunden und Reaktionen zum Vorschein bringen, die noch aus früheren Zeiten unseres Lebens stammen. Das kann bedeuten, dass wir in die erdrückenden Muster und Machtdynamiken der dominanten Kultur zurückfallen.

Dass Konflikte entstehen, bedeutet nicht, dass irgendeine Person verkehrt ist oder sich schuldig gemacht hat. Je mehr wir Konflikte normalisieren, desto besser können wir sie lösen und gestärkt aus ihnen hervorgehen, anstatt auszubrennen, die Gruppe oder die Bewegung zu verlassen und/oder anderen zu schaden. Es gibt einige Gründe, warum es gerade in sozialen Bewegungen so heiß hergehen kann:

- Wir haben die stärksten Gefühle zu den Menschen, die uns am nächsten sind. Es ist viel wahrscheinlicher, dass wir nachts wachliegen und uns einen Kopf über einen Konflikt mit Freun*dinnen oder Menschen aus der Gruppe machen, als über irgendwelche Politik*errinnen oder andere Personen, zu denen wir eine entferntere Beziehung haben.
- Wenn wir mit großen Erwartungen zu einer Bewegung dazustoßen, uns wünschen, dazuzugehören und Verbundenheit zu finden, besteht auch eine große Fallhöhe und es kann gut sein, dass wir enttäuscht werden.
- Manchmal sind wir es so gewohnt, ausgegrenzt zu sein, dass wir uns ohne Weiteres schnell auf dieses bekannte Gefühl eingrooven und unbewusst nach Beweisen suchen, dass wir anders sind und ignoriert oder außenvorgelassen werden.
- Sogar gute Erfahrungen – wie einen Weg zu finden, unsere Isolation zu durchbrechen, indem wir einer Gruppe beitreten mit anderen, die unsere Werte und Identitäten teilen – können unsere alten Denk- und Gefühlsmuster hervorbringen. Es kann vorkommen,

dass wir uns fühlen, als stünde uns das nicht zu oder als würden wir andere hinters Licht führen. Vielleicht erfinden wir sogar unbewusst Geschichten darüber, was andere Leute über uns denken könnten.

- Bei der solidarischen Fürsorge-Arbeit geht es nun mal ganz zentral darum, auf wichtige unerfüllte Bedürfnisse zu reagieren. Das bringt einfach Stress und Druck mit sich, was die Gefühle verstärken und reaktives Verhalten hervorrufen kann.

Konflikte und starke Gefühle sind unvermeidbar, wenn wir an etwas arbeiten, das wir lieben, mit Menschen, die uns wichtig sind. Die Frage ist also, was wir tun können, um einander und der Gruppe in solchen Fällen weniger zu schaden. Wie gehen wir mit den starken Gefühlen um, die entstehen werden, und wie überstehen wir Konflikte, ohne dass wir unausstehlich zueinander sind?

Wenn Konflikte aufkommen, können wir die Dinge und unsere Gefühle miteinander ins Verhältnis setzen, indem wir uns selbst befragen. So können wir dann auf Grundlage unserer Prinzipien handeln. Hier sind drei Möglichkeiten dafür:

Eins. Wir nehmen uns einen ruhigen Moment für uns selbst, um zu fühlen, was in uns vor sich geht. Dieses Nachforschen kann auch beinhalten, mit Freun*dinnen zu reden oder Dinge aufzuschreiben.

Oft ist es so, dass wir in eine Art Automatikbetrieb verfallen, sobald wir uns von etwas bedroht fühlen. Das kann so aussehen, dass wir wie besessen nur kritisch über eine andere Person denken, dass sich Selbsthass in unsere Gedanken einschleicht, dass wir abtauchen, Streit suchen, uns in der Arbeit verlieren, uns besaufen oder die ganze Nacht grübeln und nicht schlafen. Was auch immer passiert, es kann helfen, wenn wir uns fragen, welche Gefühle da eigentlich gerade aufkommen. Sorgsam auf uns selbst zu achten, kann uns davon abhalten, in Automatismen zu verfallen, die vielleicht nicht mit unseren Absichten, Zielen oder Werten zusammenpassen und die unsere Beziehungen schädigen könnten.

Zwei. Wir erinnern uns daran, dass unsere Gefühle nicht von außen kommen, aber dass wir sie intensiv wahrnehmen und dass sie liebevolle Aufmerksamkeit verdienen.

Wenn wir verletzt sind oder enttäuscht, ist es leicht zu behaupten, dass eine andere Person den Schmerz ausgelöst hat. Kein Zweifel, das Handeln oder Nichthandeln anderer regt Gefühle in uns an. Doch welche Gefühle das sind und wie stark sie sind, hat vor allem mit uns selbst und unserer Vergangenheit zu tun. Wenn uns etwas wirklich auf die Palme bringt, liegt das oft daran, dass es eine alte Verletzung oder einen wunden Punkt berührt.

Drei. Wir wollen mehr über unsere wunden Punkte wissen.

Wir alle haben wunde Punkte – Dinge, die uns stören wegen verinnerlichten Unsicherheiten oder wegen der Art und Weise, wie wir als Kinder in der Schule oder in unseren Familien zu Hause behandelt wurden. Andere Menschen kennen unsere wunden Punkte nicht –

manchmal kennen wir sie selbst nicht einmal. Darum sind unsere Mitmenschen oft überrascht darüber, wie ihr Handeln sich auf unser Empfinden auswirkt. Wir können lernen, neugierig auf unsere wunden Punkte zu sein. Wir können ihre Ursprünge beispielsweise in dem finden, was wir als Kinder erlebt haben, im sich anhäufenden Schmerz der Mikroaggressionen und der strukturellen Verletzungen, denen wir ausgesetzt waren und sind. Vielleicht finden wir die Ursprünge auch woanders. Wenn eine Person einen wunden Punkt berührt, kann unsere Reaktion heftig ausfallen. Manchmal richtet sie sich nach außen, gegen die Person, manchmal richtet sie sich nach innen und wir schaden uns selbst. Der Trick ist, zu merken, dass unsere wunden Punkte uns gehören. Wir sind nicht ihre Geiseln. Wir können die Gefühle fühlen, wir können sie wahrnehmen, und dann entscheiden, wie wir weitermachen, anstatt diese Gefühle unser Verhalten bestimmen zu lassen.

Was passiert beispielsweise, wenn eine Person in meiner Gruppe meine Gefühle verletzt hat, indem sie ihre Aufgaben nicht wie besprochen erledigt? Ich kann damit anfangen zu intrigieren, um andere Leute in der Gruppe dazu zu bringen, die unzuverlässige Person als instabil wahrzunehmen und sie so aus der Gruppe zu drängen. Ich kann mich auch weigern, zukünftig mit der Person zusammenzuarbeiten. In beiden Fällen stünde eine ganze Menge auf dem Spiel. Wenn ich mir aber bewusst mache, dass ihr Handeln einen wunden Punkt getroffen hat, kann ich die aufkommenden Gefühle wahrnehmen und erkennen, dass sie vielleicht nicht im Verhältnis zu dem stehen, was passiert ist, und dass die unzuverlässige Person nicht verantwortlich für sie ist. Ich kann durchatmen, ich kann das mit der Intrige doch sein lassen, und einen angemessenen Weg finden, mich mit meinem Anliegen so auseinanderzusetzen, dass es allen zugutekommt.

Was gehört denn noch dazu?

Wenn wir bemerken, dass uns eine Meinung, ein Vorfall oder eine wertende Äußerung nicht mehr aus dem Kopf geht, kann es oft helfen, sich zu fragen: »Was gehört denn noch dazu?« Wenn ein Konflikt aufkommt und wir starke Gefühle dazu haben, können wir beispielsweise fragen:

- Was gehört denn noch zu dieser Person / dieser Gruppe / diesem Ort? Welche positiven Eigenschaften fallen mir ein? Hat das, was die Person getan hat, auch etwas Gutes an sich? Fallen mir auch andere Erfahrungen ein, die ein vollständigeres Bild abgeben, die guten Willen zeigen, die vielleicht verhindern können, dass ich dieser Person gegenüber nachtragend bin?
- Gibt es vielleicht Dinge, von denen ich nichts weiß, die zu dieser Situation oder diesem Handeln beitragen?
- Was gehört gerade außerdem zu meinem Leben, das ein Gegengewicht zu dieser Situation darstellen könnte? Was passiert sonst so in meinem Leben? Wie viel Prozent meiner Zeit verbringe ich eigentlich an diesem Ort oder mit dieser Person? Was tue und was

habe ich sonst noch? Fühlt sich diese Situation an, als würde sie 80 Prozent meiner Aufmerksamkeit auf sich ziehen, obwohl diese Gruppe nur 5 Prozent meiner Zeit beansprucht? Wenn ich mich darum sorge, was diese Person von mir denkt: Welche anderen Personen kenne ich, von denen ich weiß, dass sie mich wertschätzen, dass ich ihnen wichtig bin, dass sie mich respektieren?

- Bin ich wirklich verantwortlich für diese Situation oder für diese Person? Ist das überhaupt etwas, das ich kontrollieren kann? Und wenn nicht, kann ich mir vorstellen, ein wenig loszulassen? Vielleicht reichen nur 5 oder 10 Prozent, um etwas Seelenfrieden zu bekommen?
- Gibt es Gründe, warum die Angelegenheit mich so aufwühlt, die vielleicht mit meiner eigenen Vergangenheit zu tun haben oder mit dem, was ich erlebt habe? Wie kann ich fürsorglich zu meinen Verletzungen und zu mir sein?
- Gerate ich mit meinen starken Gefühlen zu dieser Person irgendwie in Rollengefüge, die ich schon kenne? Habe ich uns innerlich Rollen zugeschrieben, die meine Ursprungsfamilie oder andere prägende Gruppen widerspiegeln?

Kommuniziert direkt, nicht hinter dem Rücken anderer und nicht in den Sozialen Medien.

Manchmal ist unser erster Impuls, wenn wir verletzt sind, davon zu erzählen – in den Sozialen Medien oder indem wir tratschen. Hinter ihrem Rücken über eine Person zu reden und irgendwelche Anschuldigungen in Sozialen Medien zu posten, kann allen schaden: der Person, die tratscht, der Person, um die es geht, der Gruppe und der Bewegung als Ganzes. Normalerweise verstärkt es den Konflikt. Damit ist nicht gemeint, dass wir uns nicht mitteilen und Unterstützung suchen sollen, wenn wir etwas Schwieriges erleben. Es ist ja oft einfach so, dass wir mit Freun*dinnen sprechen müssen, um uns klar werden zu können, was wir fühlen, um zu bestätigen, was wir erleben, um mögliche Reaktionen durchzusprechen und um Mitgefühl zu bekommen. Woher wissen wir also, ob wir gerade auf eine schädliche Weise hinter dem Rücken einer Person schlecht über sie reden? Hier sind ein paar Fragen, die wir uns stellen können:

- *Welchen Personen erzähle ich davon?* Wenn du starke Gefühle zu einer Person in eurer Gruppe hast und mit anderen Menschen in der Gruppe hinter ihrem Rücken schlecht über sie redest, wird das wahrscheinlich der Gruppendynamik schaden und eine Gruppenkultur schaffen, die die Leute früher oder später reißausnehmen lässt. In der Therapie oder unter Freun*dinnen, die nicht zur Gruppe gehören, darüber zu sprechen, ist wahrscheinlich weniger problematisch. In den Sozialen Medien davon zu erzählen, würde wohl eine ganze Reihe schädliche und möglicherweise unbeabsichtigte Auswirkungen auf alle Beteiligten haben.

- *Verhalte ich mich intrigant?* Was motiviert mich, zu erzählen, was ich erzähle? Versuche ich, Unterstützung zu bekommen und das Erlebte zu verarbeiten? Oder versuche ich negativ zu beeinflussen, was andere über eine Person denken?
- *Mache ich mich über sie lustig, lache ich über sie oder bin sonst irgendwie grausam?* Wenn du das, was du erzählst, nicht mitfühlendes oder konstruktives Feedback nennen würdest, wenn du es der Person niemals ins Gesicht sagen würdest, ist es vielleicht böswilliger Tratsch. Jedes Mal, wenn es sich gerechtfertigt anfühlt, Personen in unseren Bewegungen und unserem sozialen Umfeld zu entmenschlichen, sollten wir innehalten und uns fragen: »Was gehört denn noch dazu?« Vielleicht reagieren wir auf eine tiefe Wunde, die unsere Zuwendung braucht, schaden aber mit unserer Reaktion unserem Umfeld.
- *Entwickle ich eine Besessenheit mit den Fehlern einer Person?* Was bringt es, gerade jetzt darüber zu sprechen, wie sich die Person verhält oder wie sie ist? Soll es mir helfen, klarer über meine Entscheidungen und Gefühle zu werden? Oder mache ich es mir nur zur Gewohnheit, zu viel über diese Person nachzu-

denken, und kultiviere ich eine übertrieben kritische Haltung zu ihr?

Direktes Feedback zu geben ist schwierig. Wir könnten sagen: »Es hat sich für mich nicht gut angefühlt, als du die Aufgaben, die du im Plenum übernommen hattest, nicht erledigt hast«, oder: »Ich frag' mich, warum du mich nicht gebeten hast bei der AG mitzumachen.« Doch es ist einfacher der anderen Person hinter ihrem Rücken negative Gefühle und böswilliges Verhalten zu unterstellen. Das wird sich wahrscheinlich schlecht anfühlen und Beziehungen in der Gruppe schädigen. Wenn sich viele Menschen in einer Gruppe oder Szene so verhalten, kann das ein Umfeld schaffen, in dem Misstrauen, Angstgefühle und Verrat alltäglich sind. Außerdem kann es Hierarchien des Wertens und Abwertens festigen, Gruppen destabilisieren und so Angriffsflächen für Gesetzeshüt*erinnen bieten, die Gruppe zu spalten.

Wir leben in einer Wegwerfgesellschaft: Was nicht funktioniert, kommt in den Müll. Wenn wir uns schlecht fühlen, entscheiden wir oft wie automatisch, dass da wohl etwas fehlerhaft sein muss, entweder bei uns oder bei einer anderen Person. Beides ist schädlich und beides verdreht die wichtige Tatsache, dass wir alle versuchen uns, so gut es geht, in den schwierigen Umständen um uns herum zurechtzufinden, und dass wir alle vieles lernen und verlernen müssen. Wenn wir andere Arten des Zusammenseins in Gruppen gestalten wollen, müssen wir ganz genau auf die Gefühle und Verhaltensweisen achten, die in uns den Wunsch entstehen lassen, andere Menschen einfach wegzuwerfen. Bescheidenheit, Mitgefühl für uns selbst und Mitgefühl für andere sind Gegenmittel gegen die

Wegwerfgesellschaft. Wir eröffnen uns selbst mehr Möglichkeiten in Konflikten zu handeln, wenn wir untersuchen, wann wir unsere Gefühle auf andere projizieren und wann wir heftig auf andere reagieren. Wir alle sind komplexer und schöner als die unausstehlichsten Dinge, die wir tun, und als die härtesten Wertungen, die wir vom Stapel lassen. Um Mitgefühl und Verantwortung aufzubauen, müssen wir eine Bestandsaufnahme machen – wie handeln wir, wie reagieren wir? – und nach Wegen suchen, einander auch im Durcheinander starker Gefühle fürsorglich zu behandeln.

Mit Spaß arbeiten

Es überrascht nicht, dass die meisten von uns ein verzerrtes Verhältnis zum Arbeiten haben, also auch zum Arbeiten in Soli-Gruppen. Die Bedingungen und Systeme, unter denen wir leben, verbinden Arbeit mit Zwang. Sie schaffen ausgeprägte Ungleichheiten: Welche Menschen machen welche Arbeit und für welche Vergütung und Anerkennung? Und diese Systeme machen es schwierig, sich so zu fühlen, als hätten wir irgendeine Wahl, wenn es ums Arbeiten geht. Dafür zu arbeiten, die Welt zu verändern, ist so extrem anstrengend, weil die Bedingungen, mit denen wir es zu tun haben, so heftig sind. Wir sollten uns also nicht selbst die Schuld dafür geben, dass wir ein schwieriges Verhältnis zur Arbeit haben, auch wenn uns klar ist, wie wichtig ein anderes Arbeiten für unsere Bewegungen, unser Wohlbefinden und unser Überleben ist. Wir müssen mitfühlend mit uns selbst und mit anderen sein, während wir gemeinsam Schritt für Schritt verändern, wie wir arbeiten.

Es kommt so sehr darauf an, dass wir miteinander sprechen: Was genau ist so schwer am überwältigenden Leiden in der Welt? Was genau macht es so herausfordernd, unter so gefährlichen Umständen für den Wandel zu arbeiten? Darauf aufmerksam zu werden, wie es um die Welt und unsere Leben bestellt ist, kann sehr schmerzhaft sein. Doch sogar wenn sie von diesem Schmerz umgeben ist, kann unsere Arbeit für den Wandel im Trost und in der Freude wurzeln, miteinander verbunden zu sein, einander zu begleiten und manchmal voneinander inspiriert zu werden. Wir müssen sorgsam reflektieren, wie wir uns zum Arbeiten verhalten – wie es sich anfühlt, in Gruppen mitzumachen, welche Vorstellungen von Führung und von Produktivität wir mit uns herumtragen. Diese Reflektion ist ausschlaggebend dafür, ein Arbeiten zu schaffen, das aus Verbundenheit, Inspiration und Spaß entsteht. Das bedeutet, ganz bewusst Möglichkeiten zu gestalten, uns in einer neuen Haltung zum Arbeiten zu üben, und in die psychischen Strukturen unserer Wunden einzutauchen, die durch ein Leben und Schuften in den brutalen Hierarchien des Zwangs entstanden sind. Die folgende Tabelle kann Einzelnen und Gruppen dabei helfen, schädliche Arbeitskulturen und -praktiken zu verändern.

Werkzeug 9. »Mit Spaß arbeiten«
(angelehnt an »Working joyfully« von den Workaholics Anonymous)

ZWANGHAFT ARBEITEN	MIT SPASS ARBEITEN
Lange Arbeitszeiten haben	Sich Grenzen setzen
Unmögliche Maßstäbe anlegen	Angemessene Ziele setzen
Nie genug bekommen, niemals fertig sein	Zufrieden sein mit dem, was geschafft wurde
Enge Zeitpläne machen	Platz für Unerwartetes lassen
Nur mehr Aufgaben hinzufügen	Nichts kommt hinzu, ohne dass etwas wegfällt
Unfähig sein, Zeiten einzuschätzen	Realistische Zeitkontingente planen
Nonstop funktionieren	Pausen einlegen, um das Tempo zu ändern, sich zu fokussieren, für neue Ideen öffnen
Falsche Deadlines vereinbaren	Aufwand angemessen einschätzen
Sich getrieben, voller Adrenalin fühlen	Das Gefühl, im Fluss zu sein
Ein Gefühl der Dringlichkeit	Entspannt in der Zeit
Arbeit muss fertig werden!	Aufgaben können aufgeschoben werden
Dringlichkeit mit Wichtigkeit verwechseln	Priorisieren können
Auf äußeren Druck reagieren	Der inneren Führung folgen

ZWANGHAFT ARBEITEN	MIT SPASS ARBEITEN
Geistig zerstreut sein	Fokussiert sein
Ineffizient	Effektiv
Es passieren Fehler: verlieren, fallen lassen, verschütten	Es gleich richtig machen
Starr	Flexibel
Nicht offen für neue Ideen sein	Aufgeschlossen
Ungeduldig	Ruhig
Perfektionistisch	Konstruktiv mit Fehlern umgehen
Angespannt	Entspannt
Humor geht verloren	Eine humorvolle Perspektive behalten
Kreativität geht verloren	Es fließen neue Ideen
Zu ernst und angestrengt sein	Verspielt sein können
Macht keinen Spaß	Arbeit angenehm finden
Sich schroff gegenüber Mitarbeit*erinnen verhalten	Für andere da sein
Spontaneität geht verloren	Offen für den Moment bleiben
Kein Kontakt zu Gefühlen haben	Sich Stimmungen bewusst sein
Viele Dinge auf einmal tun	Eins nach dem anderen machen
Körper/Geist harmonieren nicht	Denken und Handeln gehören zusammen

ZWANGHAFT ARBEITEN	MIT SPASS ARBEITEN
Hetzen	Entspanntes Tempo
Verschwommene Wahrnehmung	Lebhafte Eindrücke
Unaufmerksam, mechanisch	Aufmerksam
Quantitätsorientiert	Qualitätsorientiert
Selten delegieren	Mitarbeit*erinnen vertrauen
Wettrennen mit der Uhr	Im Einklang mit der Zeit, die Zeit respektieren
Erschöpft sein	Wohlige Müdigkeit
Kämpfen	Sich leicht fühlen
Sich wie ein Opfer fühlen	Sich vervollständigt fühlen
Gesundheit vernachlässigen	Sich selbst fördern, wachsen lassen
Signale des Körpers nicht wahrnehmen können	Bedürfnis nach Ruhe erkennen
Den Rest des Lebens vernachlässigen	Ausgeglichenes Leben
Kummer, übermäßiges Planen	Im Jetzt bleiben

Perfektionismus

Perfektionismus ist eine heimtückische und schädliche Kraft, sowohl in unseren Gruppen als auch in unserer eigenen Psyche. »Ich bin doch nicht perfektionistisch, nichts, was ich mache, ist perfekt!«, sagen wir zu uns selbst. Genau. Nichts ist gut genug. Wir leben in einer sehr materialistischen Kultur, die verlangt, dass alles »perfekt« ist: unser Körper, unsere Sexualität, unsere Familie, unsere Konsumgüter, unser Zuhause und unsere Arbeit. Diese Maßstäbe können Muster perfektionistischen Denkens und Handelns schaffen, mit denen sogar diejenigen von uns zu kämpfen haben, die wissen, dass all das Bullshit ist. Das kann Angstzustände auslösen und Futter für eine schmerzvoll verzerrte Selbstwahrnehmung sein.

Perfektionismus kann unsere Gruppen schrumpfen lassen, Dynamiken des Ausgrenzens hervorrufen, Konflikte auslösen und eine Kultur befeuern, die zu Überarbeitung und Burn-out führt. Perfektionismus zeigt sich manchmal als Angst davor, etwas zu sagen, das politisch daneben sein könnte, und dann nur aufgrund dessen bewertet zu werden. Dann kann es sein, dass Menschen ihre Meinung nicht mehr teilen, dass sie total defensiv werden, wenn infrage gestellt wird, was sie gesagt haben, oder dass sie sofort alle angreifen oder ausgrenzen, die nicht denselben Jargon sprechen oder noch nicht ganz auf demselben Wissensstand sind. Solche Tendenzen können dazu führen, dass sich Cliquen bilden, was es unseren Gruppen und Bewegungen schwerer macht zu wachsen. Perfektionismus kann auch dazu führen, dass Menschen das Arbeiten der Gruppe zu sehr kontrollieren. Aufgaben werden dann nicht mehr delegiert und dieselben wenigen Leute machen alles. Das kann bedeuten, dass die

Menschen, die die Gruppe gestartet haben, herablassend gegenüber den Menschen sind, die später dazustoßen und die Dinge anders tun.

Immer wenn wir bemerken, dass wir selbst oder unsere Gruppenkultur unflexibel werden, stellt das auch eine Gelegenheit dar, sich von der sozialen Konditionierung zu lösen und neue, heilsame Arten des Seins zu kultivieren. Die folgenden Aussagen und Reflexionsfragen sind Werkzeuge, die ihr für euch selbst oder in der Gruppe verwenden könnt, um Perfektionismus zu verlernen. Setzt Häkchen an allen Punkten, die sich vertraut anfühlen.

Werkzeug 10. Perfektionismus-Checkliste

Immer noch größere Ansprüche stellen

- ☐ Es reicht nicht aus, es bloß gut zu machen – ich muss es besser machen.
- ☐ Wenn ich mich nicht anstrenge, bin ich faul und nutzlos.
- ☐ Andere Menschen oder Gruppen schaffen mehr, haben mehr Reichweite oder bekommen mehr Anerkennung.

Die Angst zu scheitern

- ☐ Ich muss die Dinge perfekt machen.
- ☐ Ich darf nicht scheitern.
- ☐ Andere sollen auf keinen Fall schlecht von mir denken.
- ☐ Ganz egal, was ich tue, ich werde sowieso scheitern.
- ☐ Ich traue mich nicht, mich einzubringen, ich blamiere mich doch nur – ich bleibe lieber still.

Alles-oder-Nichts-Haltung

- ☐ Wenn ich in dieser Gruppe einen Konflikt habe, ist alles im Eimer und ich muss aussteigen.
- ☐ Was ich tue, ist nie gut genug.
- ☐ Es gibt eine richtige und es gibt eine falsche Weise, die Dinge zu tun.
- ☐ Wenn ich hier von manchen Leuten kritisiert werde, sollte ich die Gruppe wohl einfach wieder verlassen.

Sollen und müssen

- ☐ Ich darf mir keine Fehler erlauben, sonst merken die anderen noch, wie ich wirklich bin.
- ☐ Ich sollte schon alles über dieses Thema wissen.

- ☐ Ich sollte so gut wie andere sein, diese Sache zu tun, oder sogar besser.
- ☐ Jeder Fehler wird mich als Hochstap*lerin entlarven.

Konstante Kontrolle

- ☐ Alles, woran ich arbeite, muss ich mehrmals überprüfen, bevor ich es anderen Menschen zeigen kann.
- ☐ Ich muss ständig bei anderen nachfragen, um sicher zu sein, dass ich gemocht werde, okay aussehe, nichts Falsches gesagt habe, usw.
- ☐ Ich checke dauernd meine Likes in den Sozialen Medien, wie ich aussehe, mein Konto, meine E-Mails.

Selbstkontrolle

- ☐ Ich muss die ganze Zeit arbeiten, ich will ja kein fauler Sack werden.
- ☐ Eine Belohnung oder eine Pause muss ich mir erst durch viel harte Arbeit verdienen.

Struktur, Kontrolle

- ☐ Ich muss genau wissen, was passieren wird.
- ☐ Ich muss auf jedes mögliche Resultat vorbereitet sein.
- ☐ Damit nichts schiefgeht, kann ich keine andere Person die Aufgabe machen lassen.

Prokrastination

- ☐ Ich kann nicht loslegen, weil ich Angst habe, alles falsch zu machen.
- ☐ Ich mag gar nicht an meine Aufgabe denken, so sehr habe ich Angst zu scheitern, bloßgestellt zu werden, erniedrigt zu werden.
- ☐ Ich versuche eine überwältigende Scham oder Trauer zu unterdrücken, doch eigentlich fühle ich mich selbst erdrückt.

Reflexionsfragen:

- Wo in meinem Leben zeigt sich Perfektionismus? In der Schule, im Job, im Kontakt mit der Familie, darin, wie ich meinen Körper betrachte, im Aktivismus, bei Kontakten in den Sozialen Medien, im Haushalt? Was kostet er mich?
- Inwiefern wende ich perfektionistische Standards auf andere an? Wann bin ich intolerant gegenüber den Lernprozessen anderer oder ihrer Unterschiede? Wo habe ich das gelernt? Welche Emotionen liegen dem zugrunde? Welchen Preis bezahlen meine Beziehungen, meine Arbeit, meine Prinzipien und meine Absichten in der Welt für diese Intoleranz?
- Produziert oder befördert unsere Gruppenkultur perfektionistisches Verhalten? Wenn ja, wie? Wie beeinflusst so eine Haltung das Arbeiten in unserer Gruppe? Was macht das mit den Beziehungen miteinander und mit den Beziehungen zu den Menschen, die zu unserem Projekt kommen, damit ihnen geholfen wird, oder die sich als Freiwillige melden wollen? Wie können wir in unserer Gruppe flexibler, fürsorglicher, mitfühlender und vertrauensvoller sein?

»Mad-Maps«

Solidarisch füreinander zu sorgen, bringt häufig einiges an Stress und Druck mit sich. Schließlich erfüllen wir lebenswichtige Bedürfnisse, erlernen neue Fertigkeiten, arbeiten in Gruppen und übernehmen neue Verantwortlichkeiten. Und das sind ja auch genau die Dinge, wegen denen das Arbeiten bedeutsam, befriedigend und angenehm ist. Aber all der Druck und all der Stress können alte Emotionsmuster, unwillkürliche Reaktionen und Verhaltensweisen hervorbringen. Zu lernen, diese Muster zu bemerken und für sie vorzusorgen, kann uns helfen, unser Handeln möglichst nützlich für uns selbst und die Menschen um uns zu gestalten, indem wir uns entsprechend entscheiden oder uns rechtzeitig Unterstützung einholen.

Eine Technik, diese Muster in uns selbst kennenzulernen, ist eine Art Mindmap für emotionale und psychische Krisenzeiten, eine Mad-Map. Diese Mad-Map legen wir für uns selbst an, damit wir uns an sie wenden können, wenn die Dinge aus dem Ruder laufen, oder wir merken, dass wir in problematische Muster abzurutschen beginnen. Eine Mad-Map kann wie ein Geschenk an dein zukünftiges Selbst sein. Sie hilft dir die potenziell gefährlichen Wasser, in die Stress und Konflikte uns führen können, zu navigieren. Sie kann dich durch ungestümes Denken, Fühlen und Verhalten leiten, das aufkommt, wenn es rau zugeht, und dich daran erinnern, was in solchen Zeiten hilft und was eher schadet. Du kannst deine Mad-Map inhaltlich ganz nach deinen Wünschen gestalten. Sie kann illustriert sein, Lieder beinhalten, Körperübungen oder Bilder – was auch immer sich am besten anfühlt. Weiter unten folgen ein paar Ideen für den Einstieg und Beispiele für den Inhalt. Manche Menschen teilen ihre Mad-Maps mit Freun*dinnen und ihren Liebsten. Du kannst Abschnitte einfügen, in denen du formulierst, wie dich andere Menschen unterstützen können, wenn du Schwierigkeiten hast oder eine Krise durchlebst. Was wünschst du dir von deinem Umfeld? Was sollen die Menschen sagen oder lieber nicht sagen, tun oder lieber nicht tun, wenn du mit etwas ringst. (Ich habe über das Icarus Project von Mad-Maps erfahren und in der Quellen-Liste am Ende des Buches findest du mehr Informationen dazu.)

Anzeichen, dass der Druck dir Probleme bereitet

Einige Bereiche, die du bei diesem Teil der Mad-Map bedenken kannst sind diese::

- Übermäßig selbstkritische Gedanken (darüber, was du zur Gruppe beiträgst, wie du aussiehst, über deine Persönlichkeit, deine Intelligenz, usw.)
- Übermäßig kritische Gedanken über andere Menschen
- In der Gruppe mit Unsicherheiten zu kämpfen haben oder mit dem Gefühl, dass die Leute dir eins auswischen wollen, dich nicht mögen, über dich reden, dich ausgrenzen
- Von Details besessen sein
- Zu viele Aufgaben übernehmen, obwohl du eigentlich schon überlastet bist

- Kontrollieren wollen, wie Dinge in der Gruppe getan werden, nicht wollen, dass andere Leute es anders machen
- Aufgaben vermeiden, unzuverlässig sein, unklar werden
- Wie besessen die Sozialen Medien oder E-Mails checken, dein Spiegelbild, deine Arbeit, die Arbeit anderer, deine Gesundheit, deinen Kontostand, …
- Sich mit irgendetwas überarbeiten (Hausputz, Lohnarbeit, Aktivismus, Kunstprojekt)
- Den Raum um dich im Chaos versinken lassen
- Nicht essen oder auf eine Art und Weise essen, die dir ein schlechtes Gefühl gibt
- Medikamente und andere Mittel, die dir helfen, nicht einnehmen
- Falscher Gebrauch von Alkohol, Drogen, Shopping, Videospielen, Fernsehen, Sozialen Medien
- Menschen meiden, die du liebst
- Arbeit meiden, die dir wichtig ist
- Arbeit meiden, die du zum Überleben brauchst
- Rechnungen nicht bezahlen, Papierkram und andere notwendige Alltagsdinge nicht erledigen
- Sex oder Romantik als Mittel benutzen, um dem Druck zu entkommen
- Zu wenig oder zu viel schlafen
- Zu viel Sport oder zu wenig Bewegung dafür, was dein Körper/deine Seele gerade braucht

- Irgendein anderes zwanghaftes Verhalten, das deiner Erfahrung zufolge ein Ungleichgewicht verrät

Leitfäden für mehr Wohlbefinden

Versuche dir in diesem Teil der Mad-Map, realistische Erwartungen zu setzen und keine Luftschlösser auszumalen, die dann nur Scham oder Gefühle der Unzulänglichkeit auslösen, falls sie nicht zur Realität werden. Du kannst später immer noch nachjustieren. Nimm dich in Acht vor harten »Soll«-Botschaften, die sich in diesen Abschnitt einschleichen könnten. Viele von uns neigen zu solchen Botschaften in den Bereichen Essen, Arbeiten, Sport, Geld, Sex und so weiter. Sei achtsam Perfektionismus zu vermeiden. Konzentriere dich auf sanfte, realistische Schritte in Richtung eines besseren Gleichgewichts.

Dieser Teil kann zum Beispiel Folgendes beinhalten:

- Eine Obergrenze, wie oft pro Tag du deine E-Mails, Soziale Medien, die Nachrichten usw. checkst
- Obergrenzen, wie oft pro Tag du mit bestimmten Verhaltensweisen dem ganzen Druck entkommst; Obergrenzen für Verhaltensweisen, die toxisch sein können
- Vorsätze, wie oft und auf welche Weise du dich bewegen, körperlich betätigen willst
- Vorsätze, dich auf vollwertige Weise zu ernähren

- Vorsätze, zu meditieren, spirituellen Übungen nachzugehen, oder anderen Praktiken, die dir helfen könnten, aber gerade vielleicht zu kurz kommen
- Arten von Medien oder Apps, die du meiden oder löschen möchtest
- Grenzen dafür, Soziale Medien zu nutzen (zum Beispiel nicht direkt nach dem Aufwachen oder direkt vor dem Schlafengehen)
- Vorsätze, nach draußen zu gehen oder in der Natur zu sein
- Menschen, mit denen du verbunden sein willst, wie oft und auf welche Weisen
- Menschen, denen du dich weniger aussetzen willst und wo die Grenzen liegen, die du ziehst
- Schlafenszeiten und andere Pläne, wie du dich ausruhen willst
- Obergrenzen für die Arbeitszeit, freie Tage schaffen oder das Arbeiten begrenzen, das beinhaltet auch unbezahlte aktivistische Arbeit oder künstlerische Arbeit, wenn du dich darin aktuell überarbeitest
- Zeitpläne für wichtigen Papierkram oder Alltagsaufgaben
- Grundlegende Vorsätze für Ordnung und Körperpflege

Bonus-Aktivitäten, die helfen

Der vorherige Teil stellt die grundlegenden Zielsetzungen dar, denen du dich verpflichtest. Dieser hier kann Dinge enthalten, die du gern mal machen möchtest, Dinge, von denen du weißt, dass sie sich gut anfühlen würden, Dinge, die ein schönes Extra wären, um dein Wohlbefinden zu verbessern.

- Bewegungsarten oder Sportübungen, die Spaß machen und sich gut anfühlen
- Kochabenteuer
- Arbeiten im Garten
- Literatur, Musik oder Kunst, die du machen willst oder lesen, anhören, betrachten
- Spirituelle Übungen, die du ausprobieren oder zu denen du zurückkehren willst
- Zusätzliche Wege, wie du dich mit den Menschen verbinden willst, die dir wichtig sind
- Zusätzliche Aktivitäten, die deiner Stimmung oder deinem Gefühl der Sinnhaftigkeit, der Verbundenheit oder des Selbstwerts guttun
- Möglichkeiten, den Raum um dich herum zu verschönern
- Möglichkeiten, wie du zu anderen großzügig und großherzig sein willst
- Dinge, die du ausprobieren willst, um besser zu schlafen, deine Schmerzen zu reduzieren, deine

Isolation zu durchbrechen, strukturierte Routinen zu schaffen, monotone Routinen zu durchbrechen

Gedanken, die nicht helfen bzw. die nicht wahr sind

Schmerzhaftes oder problematisches Denken nimmt unter Druck zu. Häufig verfallen wir dann in bekannte Denkmuster, die in früheren schwierigen Zeiten schon aufgetaucht sind und die schädliches Verhalten nähren. Das führt dann dazu, dass wir uns von uns selbst und von anderen entfernen. Solches Denken und Verhalten zu bemerken kann eine Gelegenheit sein, es zu unterbrechen und herauszufinden, ob und wie es eingedämmt werden kann.

- Mangeldenken (über alles Mögliche – Lebensmittel, Geld, Arbeit, Selbstwert, Sex, Gesundheit):
  - Ich tue nicht genug.
  - Ich tue alles und kein Mensch hilft.
  - Ich habe nicht, was ich brauche.
  - Ich nehme mir besser, was mit zusteht, bevor alle anderen alles wegschnappen.
  - Zu wenige Menschen machen in dieser Gruppe mit.
  - Es ist nicht genug Zeit.
- Hoffnungsloses Denken:
  - Es bringt doch nichts, sich Mühe zu geben / es zu versuchen.
  - Ich habe alles verloren.

  - Ich habe alles ruiniert.
  - Nichts läuft gut für mich/uns.
- Selbsthass-Denken:
  - Ich bin ei*ne Hochstap*lerin.
  - Es gibt keinen Grund, mich zu mögen.
  - Ich bin das Letzte.
  - Ich verdiene es nicht, dass mir geholfen wird / dass sich um mich gekümmert wird / dass ich unterstützt werde / dass ich geliebt werde / dass ich bewundert werde / dass ich überlebe.
  - Ich bin ein schlechter Mensch.
- Überlegenheitsdenken:
  - Kein Mensch außer mir bekommt das richtig hin.
  - Kein Mensch außer mir erkennt, wie die Dinge wirklich sind.
  - Alle anderen gehen falsch damit um.
  - Jede Kritik und jedes Feedback dazu, wie ich mich verhalte, ist falsch/unangemessen.

Hilfreiche Wahrheiten, an die du denken kannst

Lasse in diesem Teil der Mad-Map dein ausgeglichenstes Selbst sprechen: dein inneres erwachsenes Denken, dein inneres dich liebendes Elter, dein höchstes spirituelles Selbst oder wie du dir den Teil von dir sonst vorstellst, der dir eine mitfühlende Perspektive bietet. Gehe deine vorherige Liste nutzloser Gedanken noch einmal durch. Was muss der Teil von dir, der die Gedanken denkt, wissen? Woran muss er sich erinnern, um die Kraft des unwahren Gedankens zu entschärfen? Die folgenden Gedanken können dir helfen, deine Liste anzulegen.

- Die Arbeit, die ich in dieser Gruppe leiste, ist schwierig und die Umstände, denen wir gegenüberstehen, sind ernst. Es ist in Ordnung, dass wir nicht die Bedürfnisse aller Menschen gleichzeitig erfüllen oder nicht alle Probleme lösen können.
- Es ist in Ordnung, dem, was ich für andere tun kann, Grenzen zu setzen und nein zu sagen.
- Alle sind es wert zu leben, auch ich.
- Ich muss gar nichts perfekt machen. Wir sind unvollkommene Menschen, die unvollkommene Arbeit machen.
- Es ist in Ordnung, neue Dinge auszuprobieren. Ich kann jederzeit wieder damit aufhören.
- Ich bin weder di*er Beste, noch das Letzte. Ich lerne, genau wie alle anderen hier. Ich habe Wissen und Erfahrungen anzubieten, genau wie alle anderen.
- Ich kann keine Gedanken lesen. Wenn ich glaube, dass eine Person mich nicht mag, mich ignoriert hat oder gemein zu mir war, kann es sein, dass ich ihr Verhalten falsch gelesen habe.
- Ich muss nicht alle Personen in dieser Gruppe mögen, um sie alle fürsorglich zu behandeln. Ich kann dahin gelangen, freundlich und liebevoll mit Menschen zu sein, auch wenn wir unterschiedliche Arten haben,

miteinander in Kontakt zu treten. Ich kann mich entscheiden wahrzunehmen, was wir gemeinsam haben und was an ihrem Beitrag wertvoll ist, anstatt mich darauf zu konzentrieren, sie zu kritisieren.

- Ich kann meinen Beitrag zur Arbeit länger aufrechterhalten und er wird hilfreicher sein, wenn ich meine Motivation zu handeln aus der Sache ziehe, und nicht daraus, dass ich mich schuldig oder unzulänglich fühle. Wenn ich meine Motivation aus der Sache ziehe, kann ich immer innehalten, um mich erneut mit ihr zu verbinden. Ich kann mich bewusst entscheiden, welche Arten von Aufgaben und Verantwortlichkeiten ich übernehmen kann.
- Kontrollierende Gefühle sind zwar eine normale Reaktion darauf, wie wir von der Gesellschaft konditioniert sind, aber ich muss sie nicht mein Handeln bestimmen lassen. Ich kann mich selbst daran erinnern, dem Wissen der Gruppe zu vertrauen, andere im Handeln lernen zu lassen und großzügig und flexibel zur Gruppe beizutragen.
- Vermeidende Gefühle sind zwar eine normale Reaktion darauf, wie wir von der Gesellschaft konditioniert sind, aber ich muss sie nicht mein Handeln bestimmen lassen. Ich kann mich selbst an die Gefühle der Sinnhaftigkeit, die mich leiten, erinnern, und dann einen geeigneten, angemessenen Plan erstellen, um meinen Verpflichtungen nachzukommen. Wenn nötig, kann ich Freun*dinnen bitten,

mir damit zu helfen, Aufgaben verantwortungsvoll zu erfüllen.

- Alles, was ich mich zu tun entscheide, wird besser für mich und andere sein, wenn es nicht aus einem »Muss«- oder »Soll«-Gefühl entsteht, sondern aus einer nüchternen Überlegung, wie ich für mich selbst und andere sorgen kann.
- Alle erleben Probleme mit sich selbst, wenn sie gemeinschaftlich arbeiten, nicht nur ich. Aber ich muss nicht zulassen, dass diese Ängste und Unsicherheiten mich steuern. Ich kann an den wirklichen, kollektiven Sinn dieser Arbeit denken und gleichzeitig mit den Teilen von mir mitfühlen, die Aufmerksamkeit oder Ansehen wollen.
- Ich kann mir ins Gedächtnis rufen, wie ich von meinen Freun*dinnen und den Menschen in meiner Gruppe geliebt werde und wahrgenommen werde.

Fazit: Es geht um alles – und genau darum kämpfen wir

Das Einzige, was diejenigen, die an der Macht sind, dort hält, ist die Illusion unserer Machtlosigkeit. Ein Moment der Freiheit und der Verbundenheit kann ein ganzes Leben gesellschaftlicher Konditionierung ungeschehen machen, und die Saat in alle Himmelsrichtungen streuen.

– Mutual Aid Disaster Relief

Im Mai 2020, inmitten einer globalen Pandemie, die ganz klar gezeigt hat, wie grausam unsere rassistischen, kapitalistischen Gesundheitssysteme und wie rissig unsere sozialen Sicherheitsnetze sind, ermordeten Polizisten in Minneapolis auf brutale Weise George Floyd und lösten damit weltweite Proteste gegen anti-Schwarzen Rassismus und Polizeigewalt aus. Die solidarischen Fürsorge-Projekte, die in den ersten Monaten der Pandemie mobilgemacht hatten, waren nun von zentraler Bedeutung dafür, dass so viele Menschen an den neuen, rapide wachsenden Protesten teilnahmen. Unzählige Menschen beteiligten sich in dieser Zeit auf neue Arten und Weisen: Sie stellten Lebensmittel bereit, Masken, Handdesinfektionsmittel, Wasser, medizinische Unterstützung. Sie schützten einander, während sie gegen die Polizei und Verfecht*erinnen *weißer* Vorherrschaft und Überlegenheit kämpften, sie sammelten Spenden für kriminalisierte Menschen und gaben eigenes Geld, sie setzten Schulen und andere Institutionen unter Druck, Verträge mit der Polizei zu kündigen, und mehr. Allein in den ersten zwei Wochen der Proteste spendeten 3,5 Millionen Menschen, mehr als je zuvor, an Strafkautionsfonds[2] überall in den USA. Orga*nisatorinnen verlangten unter dem Slogan »Defund the police«, dass der Polizei die Finanzierung entzogen wird und dass Polizeibehörden aufgelöst werden. Es entstand eine lebhafte Diskussion über transformative Gerechtigkeit, sodass immer mehr Menschen von den Möglichkeiten erfuhren, Konflikte und Gewalt durch solidarisches Füreinander zu lösen und nicht durch Kriminalisierung.

In Seattle gab die Polizei nach tagelangen Konfrontationen ihr Revier im East Precinct auf, und Protestierende schafften darum herum eine autonome Zone, die mehrere Blocks und einen Park umfassten. Mit dem Rückzug der Polizei und da die meisten Geschäfte wegen COVID-19 sowieso schon geschlossen waren, wurde die Zone zu einer Experimentierstätte – so wie frühere Occupy-Camps und andere ähnliche Räume, in denen Protestierende öffentlichen Raum einnahmen. Es wurde über Praktiken des Regierens, über Mit-Verantwortung, Führung, Entscheiden und kollektive Fürsorge diskutiert und es wurde sich viel Neues ausgedacht. Solidarisches Füreinander entstand in diesem Raum in Form von Projekten,

---

2 Anmerkung des Übersetzers: In den USA gibt es keine Untersuchungshaft, wie sie beispielsweise im deutschsprachigen Raum praktiziert wird. Stattdessen legt das Gericht eine Kaution fest (engl. *bail*). Wenn die angeklagte Person diese bezahlt, kommt sie bis zu ihrer Hauptverhandlung frei, andernfalls muss sie in einem regulären Gefängnis auf die Verhandlung warten. Zwar regelt der 8. Verfassungszusatz, dass die Kaution nicht unverhältnismäßig hoch sein darf. Doch in der Praxis werden vor allem arme Menschen und BIPoC durch zu hoch angesetzte Kautionen benachteiligt.

die sich um die seelische Gesundheit der Menschen kümmerten, die Lebensmittel bereitstellten, Wasser, Masken, spirituelle Stützen, Haarschnitte, Kleidung, Konfliktmediation und mehr.

Zur selben Zeit, in der die Mobilisierung gegen die Polizei und für die Bewegung Black Lives Matter Fahrt aufnahm, gaben Wissenschaft*lerinnen bekannt, dass der Mai 2020 der heißeste Mai seit Beginn der Wetteraufzeichungen gewesen war und dass 2020, so wie die zehn vorherigen Jahre, wohl ein weiteres Jahr der Rekordhitze werden würde. Die Trump-Regierung gab bekannt, dass sie das Schutzgebiet und Naturdenkmal Atlantic Maritime Monument für den kommerziellen Fischfang öffnen würde. Die us-amerikanische Umweltschutzbehörde EPA strich Wasserschutzvorgaben zusammen. Die durch den Klimawandel ausgelöste Permafrost-Schmelze verursachte den größten Ölaustritt in der Geschichte Russlands. Und Wissenschaft*lerinnen erklärten, dass die CO_2-Konzentration ein Rekordhoch erreicht hatte, obwohl die Emissionen während der Pandemie gesunken waren. Überall um uns herum sind die Zeichen eindeutig, dass die Systeme, unter denen wir leben, zusammenbrechen, und es ist klar, dass etwas Neues hermuss, wenn wir überleben wollen.

Die Welt ist mit der fortdauernden COVID-19-Pandemie konfrontiert, mit einer sich verschärfenden Wirtschaftsdepression, mit dem Klimawandel, mit der Macht illegitimer und rassistischer Überwachung und Kontrolle, mit Kriminalisierung und mit Grenzverläufen, die mit Gewalt vom Militär durchgesetzt werden. In diesem Kontext ist es völlig klar, dass unsere solidarischen Projekte unabdingbar für das allgemeine Ökosystem des politischen Handelns sind. Solidarische Fürsorge hilft Menschen, Katastrophen aller Art zu überleben, sie mobilisiert und politisiert weitere Menschen und sie baut die neuen Systeme und die Arten des Zusammenseins auf, die wir brauchen. Je mehr wir unsere Projekte stärken, desto langlebiger kann unsere Mobilisierung sein.

Solidarisch füreinander zu sorgen ist nicht nur deswegen unabdingbar für die anderen Taktiken, die unsere Bewegungen ausmachen, weil es Millionen neuer Menschen an Bord holt, die auf lange Sicht in der Bewegung mitarbeiten. Es ist auch deshalb so wichtig, weil es alle anderen Strategien unterstützt. Jahrzehntelang haben wir an Projekten für transformative Gerechtigkeit gearbeitet. Deswegen wissen wir heute, wie Unterstützung in Communitys anders funktionieren kann. Deswegen drängen wir darauf Polizeibudgets zusammenzustreichen und die Mittel stattdessen für die Bedürfnisse der Menschen aufzuwenden. Kautionsfonds, Rechtsschutzkampagnen und Briefprojekte mit Gefangenen unterstützen diejenigen, die sich mit ihrem Handeln mutig der Polizei und Unternehmen entgegengestellt haben. Straßensanität*erinnen, die Verletzungen durch Tränengas und Gummigeschosse behandeln, machen tagelange Straßenschlachten mit der Polizei möglich. Projekte für eine heilsame Gerechtigkeit und Projekte für Konfliktmediation helfen uns, in polizeifreien Zonen zusammenzuleben. Solidarische Fürsorge ist unverzichtbar für all unsere Widerstandsarbeit.

Momente der Krise und transformative Organisationsarbeit können empowernd sein und uns den Rücken stärken für immer mutigere solidarische Aktionen. Am 1. Juni 2020 umzingelte die Polizei in Washington, D.C. Protestierende in einer Wohnstraße. Der Plan war, sie zu verhaften, weil sie die 6-Uhr-Abends-Ausgangssperre missachtet hatten. Diese war eingeführt worden, um die Aufstände wegen

George Floyds Tod zu unterdrücken. Als die Polizei anfing, die Menschen zu verhaften, öffneten die Anwohn*erinnen ihre Haustüren, um den Protestierenden Zuflucht bei sich zu Hause zu bieten. Die Polizei versuchte, sie aus den Häusern zu holen und warf sogar Tränengas durch die Fenster. Doch die Anwohn*erinnen behielten die Protestierenden über Nacht bei sich, gaben ihnen zu essen und kümmerten sich um ihre Bedürfnisse. Dieses offene Ablehnen polizeilicher Autorität und die Bereitschaft, füreinander Risiken einzugehen, zeigt die dynamischen Möglichkeiten, die entstehen, wenn wir solidarisch füreinander handeln.

In derselben Woche, in der Anwohn*erinnen Protestierende in D.C. verteidigten, stemmten sich Busfahr*erinnen überall in den USA dagegen, dass die Polizei öffentliche Busse für Massenverhaftungen beschlagnahmte. Obwohl ihnen bezahlte Überstunden angeboten wurden, um bei den Verhaftungen hinter dem Steuer zu sitzen, organisierten die Busfahr*erinnen einen gemeinsamen Widerstand dagegen, mit der Polizei zu kooperieren. Die Gewerkschaft der Busfahr*erinnen in Minneapolis erklärte öffentlich, dass ihre Fahr*erinnen das Recht haben, sich zu weigern, festgenommene Protestierende zu transportieren und die Polizei zu Protesten zu fahren.

Die Erfahrungen, die wir damit sammeln, gemeinsam zu führen und gemeinsam Verantwortung zu übernehmen, werden uns helfen, uns von der illegitimen Autorität der dominanten Systeme zu emanzipieren. Im Idealfall werden wir immer mutiger, wenn wir mit solidarischer Fürsorge experimentieren. Dass das schon heute passiert, zeigen die immer häufigeren Aktionen, die Immigran*tinnen davor schützen, von der us-amerikanischen Einwanderungs- und Zollpolizei

ICE festgenommen zu werden. Im Juli 2019 stellten sich Mitglieder der Community in Nashville, Tennessee um ein Auto, in dem sich ein Mann vor ICE-Be*amtinnen versteckte, die ihn verhaften wollten. Gleichzeitig organisierten sich Gruppen überall im Land, um Immigran*tinnen zu verstecken, um sie vor bevorstehenden Razzien der ICE zu warnen, um sich um die Familien verhafteter und abgeschobener Menschen zu kümmern und um Bussen den Weg zu versperren, die Menschen aus der Abschiebehaft zu Flughäfen bringen sollten. Dieselben Gruppen schlossen sich häufig Kampagnen an, die dafür kämpfen, dass Abschiebegefängnisse geschlossen werden, dass keine bestehenden erweitert und dass keine neuen gebaut werden. Sie beteiligten sich auch an Kampagnen für Gesetzesentwürfe, die es der ICE verbieten sollten, Flughäfen in der Region für Abschiebungen zu nutzen; Gesetze, die die Zusammenarbeit zwischen der ICE und örtlichen Gesetzeshüt*erinnen auf verschiedene Weise blockieren sollten; oder Gesetze, die privaten Gefängnissen, in denen Immigran*tinnen eingesperrt wurden, die Geschäftslizenz entziehen sollten.

Diese Bemühungen gegen die ICE zeigen, wie solidarisches Füreinander an Strategien anknüpft, die darauf abzielen, gegen das explosionsartige Wachstum rassistischer Staatsgewalt vorzugehen und den Teilnehm*erinnen von Soli-Projekten Mut zu machen, noch direkter zu handeln, um einander zu schützen. Während die Krisen sich auftürmen, kann unsere Organisationsarbeit die Menschen inspirieren, sich mehr zu trauen. Sie kann uns inspirieren mit unserer gemeinsamen Kraft zu verhindern, dass Einwanderungsbehörden und Polizei Menschen verhaften. Mit dieser Arbeit können wir Gerichtsvollzieh*erinnen blockieren, die Menschen zwingen wollen ihre Wohnung zu räumen. Wir können sogar das Militär davon abhalten, Gebiete zu besetzen. Mit der Zeit können wir uns so viel zivilgesellschaftliche Wirkmacht erarbeiten, dass wir unsere Leute aus dem Gefängnis befreien, anstatt darum zu bitten, dass sie freigelassen werden. Wir können gestohlenen Reichtum umverteilen, anstatt darum zu bitten, dass er besteuert und anders ausgegeben wird. Unsere Bewegungen müssen mit den existierenden Strukturen fertigwerden, um die Waffen zu zerlegen, die gegen unsere Communitys gerichtet sind. Gleichzeitig müssen wir neue Arten des Überlebens schaffen, die auf den Prinzipien der Befreiung und der kollektiven Selbstbestimmung aufbauen. Wir müssen uns vorstellen können, anders zu essen, zu kommunizieren, Zuflucht zu suchen, uns zu bewegen, zu heilen und füreinander zu sorgen. Wir müssen daran arbeiten, all das auf eine Weise zu machen, die nicht profitorientiert, hierarchisch und zerstörerisch für unseren Planeten ist. Wir müssen uns darin üben, gemeinsam zu führen, und partizipatorische, konsensbasierte Arten des Zusammenarbeitens schaffen, die nicht auf Militarismus aufbauen.

Solidarisch füreinander zu sorgen ist unmittelbar wichtig dafür, uns durch Krisen zu helfen. Doch es kann uns auch helfen, die Fähigkeiten zu erlernen, die wir brauchen, um auf eine völlig neue Art zu leben. Solidarisch füreinander zu sorgen gibt uns die Kraft und die Werkzeuge, in unserer heutigen Zeit zu leben, einer Zeit, in der wir entweder unsere ganze Gesellschaft verwandeln oder in der die meisten von uns – diejenigen, die nicht die Reichsten der Reichen sind – erhebliches Leid erfahren werden, bevor schließlich unsere ganze Spezies ausstirbt. Wir kaufen für andere ein, nehmen an Plena teil, nähen Masken, schreiben Briefe an Gefangene, versorgen Wunden, moderieren Beziehungskurse, lernen unsere Arbeit vor Überwachung zu schützen, legen Gärten an und wechseln Windeln. Wir tun all das und es stoßen mehr und mehr Menschen zu uns, sodass wir immer mehr werden. Mehr als die Polizei und mehr als das Militär. Und wir werden besser darin, unsere Communitys zu beschützen und Systeme aufzubauen, die sicherstellen, dass alle zu essen haben, eine Wohnung, Medikamente, Würde, Verbundenheit, Zugehörigkeit und Kreativität. Das ist die Welt, für die wir kämpfen. So kann unsere Welt sein.

Quellen

Dieses Buch entwickelt frühere Arbeiten und Arbeitsblätter des Autors weiter, die in *Social Text* und *Medium* erschienen sind. Einen begleitenden englischsprachigen Leitfaden für Lehre und Unterricht zu diesem Buch kannst du unter
https://v.versobooks.com/Mutual_Aid_Teaching_Guide.pdf
herunterladen. Im Folgenden findest du weitere Quellen, von denen einige in diesem Buch bereits erwähnt wurden.

Barnard Center for Research on Women. »Queer Dreams and Nonprofit Blues.« Videoserie. *bcrw.barnard.edu.*

Batza, Katie. *Before AIDS: Gay Health Politics in the 1970s.* Philadelphia: University of Pennsylvania Press, 2018.

Beam, Myrl. *Gay, Inc.: The Nonprofitization of Queer Politics.* Minneapolis: University of Minnesota Press, 2018.

bergman, carla und Nick Montgomery. *Joyful Militancy: Building Thriving Resistance in Toxic Times.* Chico, CA: AK Press, 2017.

Big Door Brigade. *bigdoorbrigade.com.*

Butler, C.T. Lawrence und Amy Rothstein. *On Conflict and Consensus: A Handbook on Formal Consensus Decisionmaking. theanarchistlibrary.org.*

»Consensus: Direct Democracy @ Occupy Wall Street.« 13. Oktober 2011. *youtube.com/watch?v=6dtD8RnGaRQ.*

Creative Interventions Toolkit. *creative-interventions.org.*

Critical Resistance. »Oakland Power Projects.« *criticalresistance.org.*

Davis, Angela Y. *Are Prisons Obsolete?* New York: Seven Stories, 2003.

Dixon, Ejeris und Leah Lakshmi Piepzna-Samarasinha. *Beyond Survival: Strategies and Stories from the Transformative Justice Movement.* Chico, CA: AK Press 2019.

Enck-Wanzer, Darrel. *The Young Lords: A Reader.* New York: NYU Press, 2010.

Flaherty, Jordan. *No More Heroes: Grassroots Challenges to the Savior Mentality.* Chico, CA: AK Press, 2016.

Gelderloos, Peter. *The Failure of Nonviolence.* Seattle: Left Bank Books, 2015.

———. *Anarchy Works: Examples of Anarchist Ideas in Practice.* 2. Auflage. London: Active Distribution / Sto Citas, 2015. Erstveröffentlichung 2010 bei Ardent Press (San Francisco).

GenerationFIVE. *Transformative Justice Handbook. generationfive.org/the-issue/transformative-justice.*

The Icarus Project. *Madness & Oppression: Paths to Personal Transformation and Collective Liberation. fireweedcollective.org,* 2015.

INCITE!, Hrsg. *Color of Violence.* Durham, NC: Duke University Press, 2016.

———. *The Revolution Will Not Be Funded.* Durham, NC: Duke University Press, 2017.

It's Going Down. *itsgoingdown.org.*

Morales, Iris. ¡Palante, Siempre Palante! The Young Lords. Video. New York: Third World Newsreel, 1996.

Klein, Naomi. *The Battle for Paradise: Puerto Rico Takes on the Disaster Capitalists.* Chicago: Haymarket Books, 2018.

———. *The Shock Doctrine: The Rise of Disaster Capitalism.* New York: Metropolitan, 2008.

Klein, Naomi und Avi Lewis. *The Take*. Brooklyn, NY: First Run/ Icarus, 2004.

Koyama, Emi. »Disloyal to Feminism: Abuse of Survivors within the Domestic Violence Shelter System.« eminism.org.

Kropotkin, Peter. Gegenseitige Hilfe in der Tier- und Menschenwelt. Grafenau: Trotzdem Verlag, 2011.

McGuire, Danielle. *At the Dark End of the Street: Black Women, Rape and Resistance – A New History of the Civil Rights Movement from Rosa Parks to the Rise of Black Power*. New York: Vintage, 2011.

Movement Generation Justice and Ecology Project. »From Banks and Tanks to Cooperation and Caring: A Strategic Framework for a Just Transition.« November 2016. *movementgeneration.org*.

Mutual Aid Disaster Relief. *mutualaiddisasterrelief.org*.

Mutual Aid Hub. *mutualaidhub.org*.

Nelson, Alondra. *Body and Soul: The Black Panther Party and the Fight against Medical Discrimination*. Minneapolis: University of Minnesota Press, 2011.

Neubeck, Kenneth J. und Noel A. Cazenave. *Welfare Racism: Playing the Race Card against America's Poor*. New York: Routledge, 2001.

Piven, Frances Fox und Richard A. Cloward. *Regulating the Poor: The Functions of Public Welfare*. New York: Random House, 1993.

Smith, Easton. »The State, Occupy, and Disaster: What Radical Movement Builders Can Learn from the Case of Occupy Sandy.« 2014. *thetempworker.wordpress.com*.

Solnit, Rebecca. *A Paradise Built in Hell: The Extraordinary Communities That Arise in Disaster.* New York: Penguin, 2010.

South End Press Collective, Hrsg. *What Lies Beneath: Katrina, Race, and the State of the Nation.* Cambridge, MA: South End, 2007.

Spade, Dean und Roberto Sirvent. »Abolition and Mutual Aid Spotlight.« Interviewreihe. *blackagendareport.org.*

Strike Debt. *Shouldering the Costs: Who Pays in the Aftermath of Hurricane Sandy?* 2012. *strikedebt.org.*

Storytelling & Organizing Project. *stopviolenceeveryday.org.*

Survived & Punished. *survivedandpunished.org.*

Sylvia Rivera Law Project. *From the Bottom Up: Strategies and Practices for Membership-Based Organizations.* Mai 2013. *srlp.org.*

Thuma, Emily. *All Our Trials: Prisons, Policing, and the Feminist Fight to End Violence.* Champaign: University of Illinois Press, 2019.

Transformharm.org.

Tufekci, Zeynep. »How Hong Kong Did It: With the Government Flailing, the City's Citizens Decided to Organize Their Own Coronavirus Response.« *The Atlantic,* Mai 12, 2020. *theatlantic.com.*

Walia, Harsha. *Undoing Border Imperialism.* Chico, CA: AK Press, 2013.

Begleitwort zur Übersetzung

Es kommt nicht häufig vor, dass mich das Übersetzen eines Textes so nah im Alltag begleitet, wie es Dean Spades *Solidarisch füreinander sorgen* getan hat. Dass es bei diesem Buch so war, hängt nicht nur damit zusammen, wie wichtig die Botschaften des Buches sind, sondern auch damit, wie konkret, wie unmittelbar anwendbar Deans Gedanken und Vorschläge sind. Ein weiterer Grund war, dass die Arbeit an *Solidarisch füreinander sorgen* mit einer Reihe sprachlicher und inhaltlicher Herausforderungen einherging, die über den Text hinausgehen. In diesem Begleitwort möchte ich einige der Überlegungen, die beim Übersetzen besonders wichtig waren, näher beleuchten.

Diskriminierungssensibel aus dem Englischen ins Deutsche zu übersetzen ist besonders aus rassismus- und genderismuskritischer Perspektive eigentlich immer herausfordernd. So hat in Nordamerika eine kritische Auseinandersetzung mit rassistischer Sprache stattgefunden, die es in der deutschen Sprache zumindest in der Breite bisher nicht gab. Das zeigt sich beispielsweise am Konzept *race*, das in Bezug auf Menschen heute seine biologistische Konnotation größtenteils verloren hat und vor allem als sozial konstruiert verstanden wird. Das deutsche Wort »Rasse« hat diesen Wandel nicht erlebt. Bei w_orten & meer wird deswegen »Rassifizierung« verwendet, um die Konstruiertheit von »Rasse«/*race*-Zuschreibungen hervorzuheben. Auch der im Englischen gängige Begriff »*white supremacy*« belegt, dass sich mit Rassifizierung zu einem Grad kritisch auseinandergesetzt wird, der sich in der deutschen Sprache noch nicht zeigt. Zumindest existiert kein Begriff, der in ähnlicher Prägnanz fasst, was »*white supremacy*« ausdrückt, nämlich *w*eiße Vorherrschaft und Überlegenheitsvorstellungen. Ich habe mich in der Übersetzung also auch für diese etwas langwierige Variante entschieden, um Deans sehr präziser Schreibweise treu zu bleiben.

Wie »*Black*« und »*Indigenous*« werden in dieser deutschen Übersetzung die Wörter »Schwarz« und »Indigen« großgeschrieben, um sie als empowernde Selbstbezeichnungen hervorzuheben. Anders als in der englischen Ausgabe, wird in diesem Buch (und bei w_orten & meer im Allgemeinen) aber auch *W*eißsein als soziales Konstrukt markiert, indem das *w* kursiv gesetzt wird. Und ich nutze die im nordamerikanischen Raum übliche Formulierung »... of Color« ebenso wie die Abkürzungen »PoC« und »BIPoC« (*People of Color*; *Black, Indigenous, and People of Color*), weil es bisher keine deutsche Entsprechung dieser Wendungen gibt.

Während Englisch bis auf sehr wenige Ausnahmen grammatisch genderfrei ist, durchdringen Gendervorstellungen die deutsche Sprache. Ansätze, sie genderinklusiv zu gestalten, gibt es inzwischen verschiedene. Bei w_orten & meer wird das Gendersternchen verwendet. Gesetzt wird es aber nicht zwischen der männlichen und der weiblichen Form, sondern am Wortstamm (oder was dem Wortstamm nahekommt). Auf diese Weise soll dreierlei geleistet werden: Es rückt in den Vordergrund, wie eine Person handelt, ihr Gender ist nachrangig. Es wird vermieden, dass Zweigenderung reproduziert wird, indem die männliche und die weibliche Variante nicht als Gegensätze verschriftbildlicht werden. Und die männliche Variante steht nicht als einzige ununterbrochen und an erster Stelle. Bei nur einem Wort in diesem Buch, das auch nur einmal vorkommt, stößt diese Vorgehensweise für mein Empfinden an ihre Grenzen: *mayor* wäre Bürg*erinnenmeist*erin. Da das konkrete politische Amt an der entsprechenden Stelle nicht wichtig ist, habe ich mich schließlich dazu entschieden, hier ein wenig vom Original abzuweichen und von Politik*erinnen zu schreiben. An Les*erinnen, die außer *Stadtoberhaupt* gute Vorschläge haben, wie *mayor* übersetzt werden kann: Schreibt mir eine Mail, ich wäre dankbar.

Zwar nicht aus diskriminierungskritischen Erwägungen, aber auch wegen sprachlicher Unterschiede haben der Verlag und ich uns gemeinsam dafür entschieden, beim Titel und zentralen Konzept des Buches, der solidarischen Fürsorge, vom Original abzuweichen. Der Originaltital *Mutual Aid* bezieht sich auf ein Konzept, das der Anarchist und Schriftsteller Peter (eigtl. Pjotr) Kropotkin um die vorletzte Jahrhundertwende entwickelte. Die gängige deutsche Übersetzung lautet »Gegenseitige Hilfe«. Doch es geht im Buch eben nicht um Gegenseiten: Es geht darum, gemeinsam zu handeln, auch über lebensweltliche Unterschiede hinweg. Die Formulierung »solidarisch füreinander sorgen« fängt genau das ein. Mehr noch: Sie rückt das Handeln in den Vordergrund und sie beinhaltet das Aufeinander-angewiesen-Sein, das im Englischen *mutual* anklingt.

Neben diesen sprachlichen Aspekten waren für den Prozess des Übersetzens auch inhaltliche Überlegungen prägend. Dean argumentiert klar, nachvollziehbar und unmissverständlich. Seine Wortwahl ist präzise und behutsam. Begriffe, die häufig phrasenhaft verwendet werden – beispielsweise *scale up* (skalieren) und *bold* (hier: mutig, gewagt) –, füllt Dean zuverlässig mit Bedeutung an. Das gilt insbesondere für die Wörter *leader* und *leadership*, die ich immer wieder als besonders schwer zu übersetzen empfinde, weil ihre wörtlichen deutschen Entsprechungen *Anführ*erin* und *Führungskraft* in linken aktivistischen Kontexten deutlich negativ konnotiert sind. Dean dekonstruiert mit kritischer Perspektive dieses heikle Begriffsfeld (das ja im Englischen häufig gar nicht als heikel empfunden wird) und rahmt Führung als etwas Kollektives. So konnte ich in der Übersetzung darauf verzichten, die Begriffe umständlicher zu umschreiben, sondern vom »gemeinsamen Führen einer Gruppe« schreiben, ohne dass es als Befürworten von straffen Hierarchien missverstanden werden kann.

Dass das, was Dean schreibt, so klar ist, hängt auch damit zusammen, dass er durchweg sehr konkrete Beispiele nutzt. Doch gehen mit diesen konkreten Beispielen auch Sorgen einher. Die erste Sorge ist, ob ein deutschsprachiges Publikum diese sehr konkreten Beispiele überhaupt einordnen kann. Mit Ausnahme der Einführung, die sich auf Hongkong bezieht, stammen Deans Beispiele allesamt aus den USA und aus Costa Rica. Einige, wie die Ermordung von George Floyd durch die Polizei, haben auch im deutschsprachigen Raum so viel Aufmerksamkeit erfahren, dass es nicht nötig erscheint, sie näher zu erklären. Andere konnte ich einfach kontextualisieren und so verständlicher machen, wie im Falle des Busboykotts von Montgomery, dem ich noch einen kurzen Verweis auf Rosa Parks zufügte. Deutlich schwieriger verhält es sich in den Fällen, in denen Dean sich auf spezifisch us-amerikanische Sachverhalte und Zusammenhänge bezieht, die einem deutschsprachigen Publikum wahrscheinlich eher unbekannt sind. Besonders hervorzuheben sind hier die »Profitmach*erinnen in der Gefängnisindustrie« und das Kautionssystem im us-amerikanischen Recht. In beiden Fällen habe ich mich für erklärende Fußnoten entschieden.

Die zweite Sorge ist eine, die sich nicht mit Eingriffen in den Text lösen lässt. Deans Beispiele zeichnen ein oftmals geradezu dystopisches Bild davon, wie es in den USA und in Puerto Rico um die sozialen Systeme und das gesellschaftliche Miteinander bestellt ist. Sicherlich verspüren wir Mitgefühl und Angst, wenn wir von den desaströsen Ausmaßen der kapitalistischen Gier und Verantwortungslosigkeit lesen, davon wie Umwelt und Lebensgrundlagen vernichtet und wie Menschen kriminalisiert und marginalisiert werden. Doch sind wir auch ein wenig erleichtert, dass wir es hier ja doch ganz gut haben? Führen Deans sehr spezifischen Beispiele im schlimmsten Falle dazu, dass wir uns ausruhen auf vergleichsweise zuverlässig funktionierenden Sozialsysteme, auf Katastrophen- und Umweltschutzbestimmungen, die zumindest kurzfristig das Schlimmste zu verhindern scheinen?

Mit diesem Gedanken im Hinterkopf finde ich es wichtig, darauf hinzuweisen, dass es auch im deutschsprachigen Raum sehr große Missstände gibt, die als Beispiele in diesem Buch in guter Gesellschaft wären. So wird sich beispielsweise auch in der Schweiz, in Österreich und in Deutschland bemüht, private Gefängnisse zu ermöglichen. Zwar stehen in allen drei Ländern verfassungsrechtliche Hindernisse einer vollständigen Privatisierung im Wege. Doch teilprivatisierte Gefängnisse sind inzwischen überall entstanden – mitsamt genau der Probleme, die die For-Profit-Gefängnisindustrie in den USA mit sich bringt. Und: In allen drei Ländern sind Gefangene gezwungen, zu Kleinstlöhnen zu arbeiten – genau wie in den USA. Was angeblich der »Resozialisierung« dienen soll, ist in der Realität vielmehr eine willkommene Gelegenheit für die Privatwirtschaft, Produktionskosten durch staatlich sanktionierte Ausbeutung zu drücken. Dasselbe gilt im Übrigen für Werkstätten, in denen Menschen mit Behinderung weit unter Mindestlohnniveau bezahlt werden, weil ihre Arbeit als therapeutische Maßnahme gilt. Und auch im deutschsprachigen Raum findet schon vor der Hauptverhandlung offenkundig politisch motivierte Bestrafung von Menschen statt. In der jüngeren Vergangenheit zeigte sich das immer wieder dann, wenn in Bayern Klima-Aktiv*istinnen wegen Ordnungswidrigkeiten in eine bis zu zweimonatige Präventivhaft genommen werden – ohne Verhandlung.

Ich möchte mich abschließend bei Toni, Lann und Ja'n von w_orten & meer für die wertschätzende Zusammenarbeit bedanken. Ganz besonders dankbar bin ich für dein aufmerksames, kluges und ebenso wertschätzendes Lektorat, Marianne. Und mein Dank geht auch an Hannah, Lara, Paul und Wiebke aus meiner WG, die ich immer wieder am Frühstückstisch mit Fragen danach behelligen durfte, wie sie meine Wortwahl und mein Sprachgefühl einschätzen.

Sharif Bitar im März 2023

MIT ALLEM WAS WIR LEBEN
EIN MANIFEST FÜR RADIKAL TRANS*FORMIERENDE BEWEGUNGEN
Morgan Bassichis, Alexander Lee und Dean Spade
w_orten & meer

Von Dean Spade ist außerdem bei w_orten & meer erschienen:

Mit allem was wir leben!
Ein Manifest für radikal trans*formierende Bewegungen

Wie kann aus queerer und trans* Perspektive radikal und aktivistisch Welt für alle verändert werden? Das Manifest zeigt anhand konkreter Beispiele, wie hegemoniale Institutionen funktionieren und welche Strategien progressive diskriminierungskritische Bewegungen dem gegenüberstellen, um die Welt zu einem für alle lebenswerten Ort umzugestalten.
Dieser Text bewegt und begleitet seit Jahren Menschen, die trans* & queer-aktivistisch engagiert sind, antirassistisch und intersektional handeln und leben.

Morgan Bassichis, Alexander Lee & Dean Spade:
Mit allem was wir leben!
Aus dem us-amerikanischen Englisch von Eliah Lüthi
48 Seiten | Softcover | 6 € | ISBN 978-3-945644-25-6

w_orten & meer –
Verlag für verbindendes diskriminierungskritisches Handeln

w_orten & meer ist ein Non-Profit-Verlag ~ Bücher und Publikationen sind für uns eine wertschätzende Gestaltung von Welt. Wir verlegen Bücher, die zu intersektionaler Gewalt empowernde Perspektiven eröffnen und neue Ausdrucksweisen anbieten.

Der Verlag arbeitet sozial und ökologisch nachhaltig: bei der Herstellung und dem Transport der Bücher, beim Einrichten und Unterhalten des Büros und auf der Ebene der Bezahlung von Menschen, die an den verschiedenen Produktionsschritten für ein Buch beteiligt sind.

Weitere Informationen zu unserer Arbeitsweise sowie unser Gesamtprogramm finden sich auf unserer Webseite:
www.wortenundmeer.net